1分間で99%見抜く!

人間リアル鑑定術

占いカウンセラー
岡田人篤 著

大泉書店

はじめに

みなさんは、毎日の生活において、家庭や職場などでの人間関係で悩んだときに、相手の考えや心の状態を知りたいと思ったことはありませんか？

現在では、心理学が発達して、ビジネスでも活用されるようになり、ビジネススキルの一つにもあげられることが多くなりました。この心理学の要素は、占いにも大きな影響を与えており、占い師も日々活用しています。占い師は伝統的に言われているしぐさ、声、行動、人相のほかに、心理学の成果をふまえ、心理療法も学ぶことが多くなってきています。

この本は、占い師が、人の心を読むために用いている技法を公開したものです。心理学を中心に、占いの世界で古くから言われているものまで、幅広く収めてあります。実際に活用するときには、第一印象で気になったところから注目していくとよいと思います。

この世は、一人では生きていけない世界であることはいうまでもありません。人間には集団欲があるからです。そのため、孤独は耐えられないものなのです。しかし、その集団欲を満たすには、人間関係が円滑である必要があります。人間関係が円滑になれば、日々の生活が充実しますし、人脈は「人材」、さらには「人財」となり、「財運」「成功」をもたらしてくれます。究極的には「成功」が「成幸」につながるといっても過言ではないでしょう。

世の中の成功者は、ある意味で人間を見抜く能力に長けていたとも言えます。そのため、相手の本質を見抜くことは重要になります。その意味で、本書を活用していただけると幸いです。

岡田人篤

1分間で99%見抜く!
人間リアル鑑定術

CONTENTS

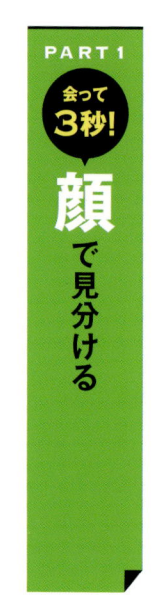

PART 2

会って10秒!

しぐさで見分ける

PART 3

会って1分!

話し方で見分ける

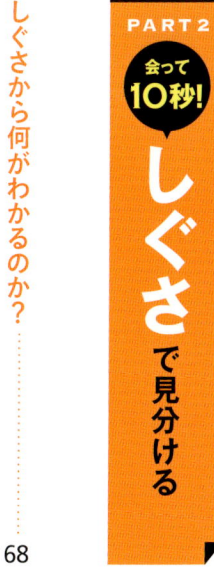

PART 4

会って3分!

プラスαの判断方法

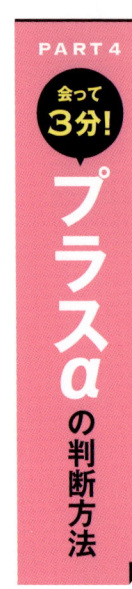

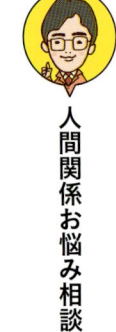

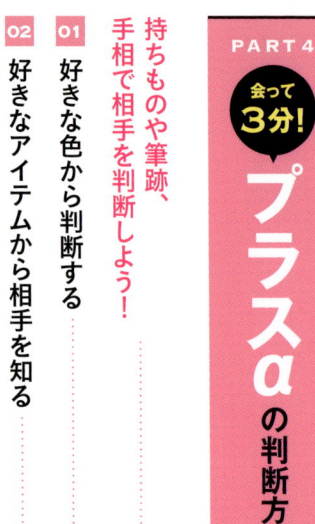

INTRODUCTION

プロはどうやって人を見抜くのか?

観相学のプロが行っているテクニックを
使えば、たとえ初対面でも、
相手の気持ちがよくわかります。
アブナイ人も見分けられますよ。

プロはどうやって人を見抜くのか?

たった一度会っただけで、相手のことをだいたいわかるためには事前のメールや電話でのやりとりや、最初に会った時の挨拶が肝心です。

仕事柄、多くの人に会う機会があります。本当なら長いお付き合いの中で、少しずつ相手を知りたいのですが、二度と会わない人も多いのが現実。

プロの立場から、どうやって初対面の相手を判断するか、お教えしましょう。

会う前にあらかじめ、手紙などで相手の筆跡を知っておくと、だいたいの性格がわかります。最近は手書きの手紙がメールに取って変わられましたが、このメールからも読み取れることがあります。メールが短くて用件のみの人は、積極的で毎日が充実している人です。会ってから話せばいいので、メールは要件のみ。それに対し、メールが長い人は、どちらかと言えばおとなしく、自分の意見をなかなか言えない人です。面と向かうと言えなさそうだから、あらかじめ文章で気持ちを伝えたいのです。

相手と会ったらすぐ、挨拶しながら目を合わせましょう。もし相手の目が上を向いていたら、だいぶ緊張している様子。下を向いているなら、何か言えないことがあるのかもしれません。次に、眉毛と目の間隔を見て、広ければおおらか、狭ければ短気と判断します。それから鼻を見て、鼻にくすんだホクロがあれば、おそらく苦労のあった人です。発言に配慮しましょう。鼻にホクロがある人は、運気に障害が出るので、長い不倫や配偶者との死別、婚約破棄など大きなトラブルに見舞われやすいのです。最後に耳からは、その人の生まれ持つ運の強さを読み取りましょう。耳たぶが大きく、厚みがあって上を向いていたら、強力な運の持ち主です。

その他、ドイツの精神科医・クレッチマーによる体型分類も、瞬時に相手を判断するのに役立ちます。

クレッチマー体型３種

やせ型（手足が長い）

やせていてストレスをためやすい。理性的だが対人面においては鈍感。お世辞や愛想が苦手で好き嫌いが激しい。

丸型（ふっくら体型）

頭が大きく、首が太く短い。親切で明るい社交家。感情表現がストレートで、気分にムラがあり、相手を信じやすい。

筋骨型（骨格がしっかり）

男性は逆三角形の体型で、女性は恰幅が良い。几帳面で少し頑固。人の意見を聞かない。義理人情に厚くてまじめ。

CAUTION!

こんなタイプに気をつけろ！

要注意人物リスト

初対面で人を決めつけるのは気が引けますが、もし心構えなしに接すれば、必ず痛い目に合うというタイプの人物がいます。こういう人に出会ったら、気をひきしめなくてはなりません。

　マイナス傾向を持つ人がいると、どうしても士気が下がります。周囲をかき回す人も困りものです。もし一緒に仕事をする仲間やお客様に「要注意人物」がいたら、仕事に支障がないように十分配慮する必要があります。彼らは、会社に大きな損害を与え、あなたの評価に傷を付けかねないからです。

　とはいえ、自分に心地良い人とのみ、付き合えるわけではないでしょう。大切なのは対応です。

元祖マイナス人間

相手のやる気もなくさせる

恐るべき後ろ向き志向

※三白眼《さんぱくがん》→P37へ

黒目が小さく、黒目の上や下に白目が目立つ三白眼《さんぱくがん》で、口はへの字、眉間にシワという組み合わせは、疑い深くてマイナス思考。しかも口グセが「どーせ無理ですよ」。雰囲気を暗くします。

CHECK!

→ここを良く見よう！

- 黒目が小さい三白眼
- ご機嫌斜めのへの字口
- 疑い深い眉間のシワ
- 周りの気勢をそぐ口癖「どーせ無理ですよ」

→正しい付き合い方

前向きに行きたいときは、この人に相談してもムダ。同意を求めず提案のみで、淡々と作業しましょう。

吸血鬼エグゼクティブ

人のパワーを吸い取る

それなりの成功者

お金持ちそうだし、態度も大きいし、運のいい人なので付き合ってもいいのでは？　いえいえ、もしつり目で野太い声の人なら要注意。その人と話した後、クタクタになっていませんか？

CHECK!

→ここを良く見よう!

- 輝きのないつり目
- 地の底から響くような野太くて迫力ある声
- 態度が無駄に大きい
- 会うと妙に疲れる

→正しい付き合い方

会うとパワーを吸い取られます。飲みに行く時なども、なるべく失礼して早めに帰るようにしましょう。

元祖クレーマー

少しの問題も見逃さない

粘着質のクレーマー

男性でも女性でも、気に障るほど金属質の高い声で、とても早口で喋るならば要注意。あなたの一挙一動を観察して難クセを付けてきます。こういう人は、クレームの電話をよくかけがち。

CHECK!

→ここを良く見よう!

- 理由もなくイライラ
- 空気をつんざく金属質のキンキン声
- 恐ろしいほどの早口
- 話題は悪口ばかり

→正しい付き合い方

弱みを握られたら大変。なるべく近づかないように。うわさ話も下手に相槌を打たず、笑顔でかわして。

最悪すぎる上司

実力もないのに

部下を踏み台に出世

あらかじめ相談をしていたはずが、うまく行かなかったことを報告すると、「だから言ったろ！」「そう思ってたんだ！」。きっと上には、あなたのミスとして報告するのでしょう。

CHECK!

→ ここを良く見よう!

- さっきは逆の意見だったのに「だから言ったろ」
- 結果がわかってから言う「そう思ってたんだ」
- 他人をすぐ決めつける

→ 正しい付き合い方

そういう人だと思って、怒らずやり過ごしましょう。順調に出世したとしても、みんな彼のことを嫌っています。

口先だけの業界人

自分を大きく見せたい

うわさ話大好き人間

オシャレにこだわりがあり、最先端はいつもおさえている業界に多いタイプ。脚を組んで座り、身振り手振りが大きく、煙草もスパスパ。有名人との付き合いをチラつかせます。

CHECK!

→ ここを良く見よう!

- 身振り手振りが大きい
- 煙草を吸いながら話す
- 脚を組んで座る
- 独自のオシャレをする
- 男性でもうわさ話好き

→ 正しい付き合い方

あなたにメリットがあれば大切にされますが、旨みがないとポイされるかも。表面的な付き合いを。

PART 1

会って
3秒!

顔で見分ける

どんなにポーカーフェイスだとしても、
元々の顔立ちや無意識のうちに
表情に表われるサインから、
気質やその人の状況が読み取れます。

鑑定をする際には、第一印象で
気になったところから注目して見分けましょう!

PART I　INTRODUCTION

顔から相手の何がわかるのか？

世界にひとつしかないひとりひとりの顔に、無意識のうちに表れるサインを読み取りましょう。

初対面の人に会うと、私たちは無意識のうちに、その人から受ける印象で人となりを判断します。派手な服装をしている人は、生活も派手なのではないか、きちんとした身だしなみの人は、性格も几帳面ではないかと見立てるわけです。とはいえ、ビジネスで出会った人となると、男性はスーツ、女性もオフィス向けの服装をしていて個性は出にくいものです。しかし、たとえ同じような服装をしていても、顔は同じではありません。そう、顔は世界にひとつだけなのです。

だからこそ、観相は相手を判断する際にたいへん有効です。顔から相手の心を知ることができるのです。細かく言いますと、「知」「情」「意」がわかります。「知」は知識や知恵などの「知性」、「情」は情熱や情緒といった「感情」、そして、「意」は意思や意欲など「意志」を表わしています。古くから人間の心の働きはこの3つに分類されます。加えて、喜怒哀楽は表情となって、健康状態は色艶となって顔に表われます。それらを総合的に判断して、性格や気質、運勢、健康状態などを知ることができるのです。

　私のところに観相に来られた人で言いますと、同じ悩みを持つ人は、顔に同じ特徴を持っています。「あなたは○○で悩んでいますね」と言うと、みなさんびっくりされますが、心は顔に表われるものです。顔は正直ですから嘘をつきません。たとえば女性で、夫と死別したり、長い不倫がある人は、そろって鼻に濃い色のほくろがありました。

　正確に判断するためには、正しい知識が必要となります。基本をしっかりと覚えておけば、観相は必ずやあなたの人生に役立つでしょう。

PROFESSIONAL TECHNIQUE

プロの見方、教えます

観相するときは目を見ます。目には心の動きが如実に表れるからです。目が上を向いていると緊張しています。下を向いていると下心があるのかも。注意が必要です。瞬きが多いのは、神経質な人です。きらきらと輝く目は、心が冴えて気力十分なとき。反対に、気力がないときはうつろな目をしています。

TECHNIQUE 02

髪で見分ける

POINT

- 生命エネルギーを示している
- 感覚的能力を測る
- 髪型でなりたい自分がわかる

髪はその人の持っているエネルギーの状態を示しています。若いときは豊かな黒髪でも、年を取るにつれ白髪が増え禿《は》げてくるのはエネルギーが衰えるからなのです。

いつまでも若々しい黒髪でいたいものですが、観相学では、年齢相応に頭は禿げてくるほうが良いとされます。自然な変化は万物の摂理であり、運勢が順調に発展していることを示しているからです。

髪でイメージは変わります。女性の場合、長い髪は情緒的で女らしさが増し、短い髪は活動的でさっぱりした印象を与えます。その人がどう見られたいかによって髪型を選んでいると考えていいでしょう。

髪が細くて柔らかい

やさしいが気が弱い

細やかな調和型

髪の手触りは柔らかい
髪は細い

穏やかで物腰も柔らかく人当たりもいいでしょう。きめ細やかな神経を持ち知能も高いのですが、意志が弱いところがあります。やさしく魅力的なので、異性からモテるタイプです。

CHECK!

◎長所

- やさしく穏やか
- 柔軟性がある

△短所

- 意志が弱い
- 傷つきやすい

→正しい付き合い方

細やかで感受性が鋭いので、がさつな態度を見せると嫌われるかも。やさしさを持つようにしましょう。

髪が硬くて太い

気迫に満ちた

質実剛健型

髪の手触りは
硬い
髪は太い

意志が強く体力もあり、気迫十分のタイプです。一度決めたことは最後までやり抜く気力も持ち合わせています。繊細さに欠けるところがありますが、何事にも情熱的に打ち込みます。

CHECK!

◎長所

- 意志が強い
- スタミナがある

△短所

- 融通がきかない
- デリケートさに欠ける

→正しい付き合い方

体力勝負なところがあるので、覇気がないと活を入れられそう。てきぱきとした対応を心がけましょう。

髪に光沢がある

生命力あふれる

幸運体質の体力派

ツヤツヤとした黒髪を持つ人は、健康で活力にあふれています。何事にも情熱的に取り組み、幸運を引き寄せる力があります。体力に恵まれていますが、欲深いところもあるでしょう。

髪は
黒々としている
艶があって
ピカピカしている

CHECK!

◎長所

- 健康で体力がある
- 幸運を引き寄せる

△短所

- 欲が深い
- 本能で行動する

→正しい付き合い方

健康的で活発なので、基本的に身体を動かすことが大好きです。休日はアウトドアが喜ばれます。

← 次ページへつづく

髪が薄い

豪快だが不作法
ワイルドライフ型

髪が薄い人は、野性味にあふれ、自分で人生を切り開いていくたくましさを持っています。豪快ですが、不作法で礼儀知らずのところがあり、何事も荒々しく大雑把に行うタイプです。

髪の分量は少なく薄い
髪の生え方が荒い

CHECK!

◎長所

・豪快でたくましい
・野性的でパワーがある

△短所

・乱暴で行儀が悪い
・品がなく不作法

→正しい付き合い方

何から何まで大雑把で神経が行き届きません。考え方もアバウトなので、細かいことは任せないように。

髪が濃い

温和で質実
シンプルライフ型

髪の分量が多くふさふさしている
髪が密生して生えている

ふさふさと濃い髪を持つ人は、素朴で真面目な人柄です。華美なことを嫌い、シンプルで飾り気のないスタイルを好みます。穏やかでおとなしい性格ですが、頑固な一面も持っています。

CHECK!

◎長所

・穏やかで落ち着いている
・真面目で誠実

△短所

・地味で野暮ったい
・自分の生き方に固執する

→正しい付き合い方

派手で贅沢なものは受けつけないのがこのタイプです。贈り物をする際には華美なものは避けましょう。

髪が長くてパーマ気がある

想像力あふれる

クリエイター型

感性で勝負するクリエイターに多く、柔軟な発想に恵まれるので表現活動に適しています。ミュージシャンに多く見られるタイプで、男女問わず、異性を引きつける魅力を持っています。

CHECK!

◎長所

・感受性に優れている
・異性に好感を持たれる

△短所

・外見を重視する
・自分の流儀にこだわる

→正しい付き合い方

内面・外見ともにスタイルにこだわるタイプです。センスが悪い奴と思われないように気をつけて。

緩やかなウエーブかパーマをかけている
髪は長い

禿《は》げるか、白髪か

年相応で無理がない

人生順当派

禿げている

年相応に禿げている人は、人生が順調に進んでいることを示しています。若くして禿げる人は、頑固で偏屈な人が多いでしょう。若白髪の人は、生命力が弱くストレスを抱えています。

CHECK!

◎長所

・順調な人生
・出世が早い

△短所

・見た目が悪い
・保守的で考えが古い

→正しい付き合い方

若くて禿げている人は、保守的な面があります。選択を迫られたときは定番を選ぶようにしましょう。

TECHNIQUE

03

額で見分ける

POINT

- 知能を表わす
- 運の良し悪しを見る
- 目上との関係がわかる

額は運気を受けるところ。ツヤがあって広く高いものが良相です。男性であれば額の後退が気になるところですが、生え際は環境や本人の努力を反映して年齢とともに自然と変化していくものです。

バランスの取れた額は、理解力、判断力に優れ、感情面でも安定していて円満とされます。

観相学では、額は天に応じているとして目上との関係を示しています。額のチェックは、その人の知能を見るとともに、社会への適合性を判断する基準となるでしょう。

額の広さや高さ、形、刻まれたシワなどから知力や心的傾向を見ていくことにしましょう。

額が広い

社交家でソツがない

器用な長男型

広い額は、長男の相とも言われており、目上からの引立てを受けやすく出世運があります。人付き合いも上手で洞察力にも秀でており、何事もソツなくこなす器用な人が多いでしょう。

額は
指３本以上の
広さがある
※指３本が
額の標準

CHECK!

◎長所

・社交的で手際が良い
・出世運がある

△短所

・八方美人になりやすい
・計算高い

→正しい付き合い方

頭脳明晰で観察力に優れているので、嘘をついても見抜かれます。正攻法の対応を心がけましょう。

額が狭い

気が利くが裏目に出る

神経過敏型

細かいところまで気が回るのですが、それが裏目に出てしまうことが多く、いらぬ誤解を招いてしまうところがあります。神経質で、自分本位に物事を考える傾向があるでしょう。

額は
指3本以下の
広さである

CHECK!

◎ 長所

・注意が行き届く
・よく気が回る

△ 短所

・自己中心的
・人と衝突しやすい

→ 正しい付き合い方

思い通りに事が進まないとイライラして落ち着かないタイプ。ゆったり構えて接することが必要かも。

額が角ばっている

地味だが実利的

几帳面な組織型

華やかさはありませんが、真面目で努力することを惜しみません。女性であれば、やり手で男まさりに仕事に励む傾向があります。組織の中で手腕を発揮するタイプと言えるでしょう。

生え際は真っ直ぐ　額の左右が角ばっている

CHECK!

◎ 長所

・義理堅く実直
・堅実で努力家

△ 短所

・融通が利かない
・面白みに欠ける

→ 正しい付き合い方

真面目で実直、努力を怠らないタイプです。適当な発言や浮ついた態度は取らないように気をつけて。

← 次ページへつづく

額が広くて丸い

明るく親しみやすい

気配り上手の世話型

額が丸く広がっている人は、明るく物腰も柔らかいことから、接客業、サービス業に多く見られます。親しみやすい人柄ですが、女性の場合は運命的に夫運が悪い相となります。

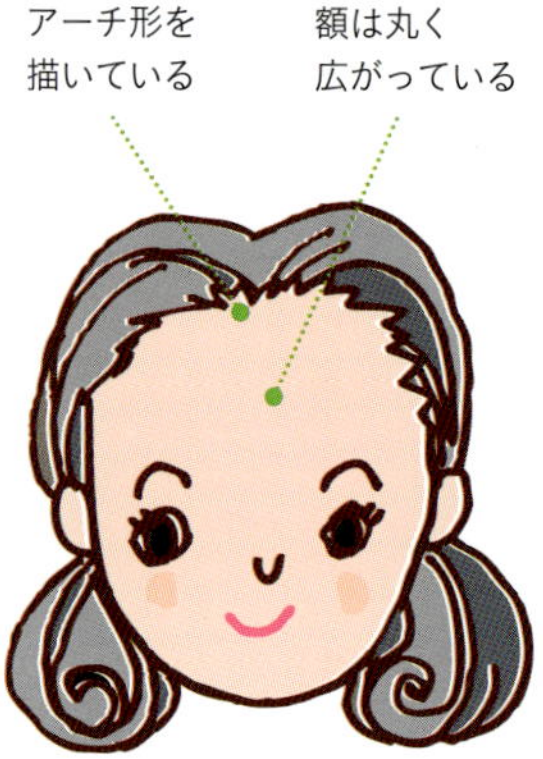
アーチ形を描いている
額は丸く広がっている

CHECK!

◎ 長所

・親しみやすい
・面倒見がよい

△ 短所

・異性問題で悩まされる
・気が弱く嫉妬深い

→ 正しい付き合い方

愛嬌があって人気者。面倒見も良く慕われるタイプですが、嫉妬深いところがあるので、ご用心。

額の中央が高い

理知的で人徳がある

才気あふれる全能型

額の中央が高いタイプは、頭脳明晰で、文系・理系どちらの学問にも秀でています。科学者や文学者など学問を究めた人に多く見られる相です。心が広いので、人望も厚いでしょう。

額の中央部分が高く盛り上がっている

CHECK!

◎ 長所

・思考力、判断力に長けている
・鷹揚で思いやりがある

△ 短所

・観念的である
・知識に行動が伴わない

→ 正しい付き合い方

記憶力が良いので会話をきちんと覚えているタイプです。メモを取るなど忘れないように気をつけて。

額の上部が高い

モラルを守る
高潔な指導者型

額の上部が高く張り出しているタイプは、正義感が強く清廉潔白な人柄で、人として守るべき道を順守します。お世辞や甘言に惑わされず、指導者として大成する人が多いでしょう。

額の上部が
高く張り出している

CHECK!

◎長所
- 道徳心が強い
- 指導力がある

△短所
- 堅苦しく説教したがる
- 大らかさに欠ける

→正しい付き合い方

倫理観が強く私利私欲のない高潔な人格。お世辞を嫌うので、機嫌を取るような態度は慎みましょう。

眉の上部が高い

明るく積極的
社交的な進取派

眉の上部が高い人は、物事を見極め判断する能力に長けています。古い慣習にとらわれず進んで新しいことを取り入れようとするタイプ。誰とでも仲良くなれるので友人も多いでしょう。

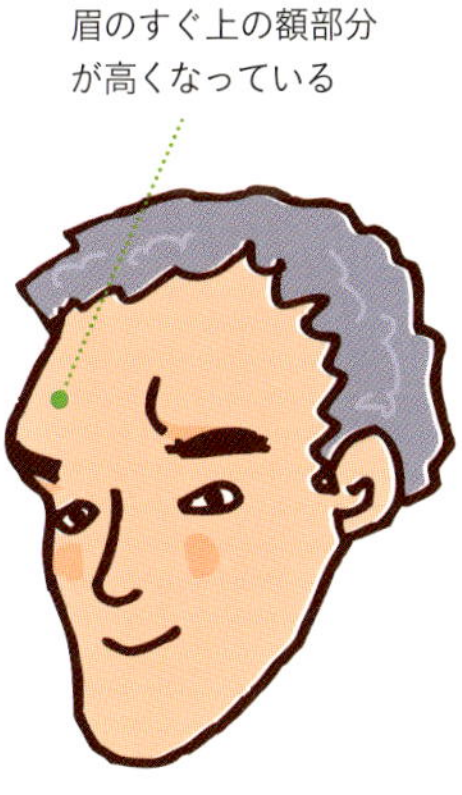
眉のすぐ上の額部分
が高くなっている

CHECK!

◎長所
- チャレンジ精神がある
- 分析的思考に秀でている

△短所
- 新し物好きで気が多い
- 流行を追い求める

→正しい付き合い方

何事もプラス志向で取り組みます。ネガティブな発言は慎んで、一緒に楽しむ姿勢を見せましょう。

←次ページへつづく

額にシワがある

世渡り上手で出世する

順風満帆型

切れ目がなく
そろっている
額に平行に
3本のシワ

観相学では3本のシワを基本として、上から年上（上司）、本人、年下（部下）を表わします。3本が切れ目なく平行にそろっているシワが良く、社会的に認められ出世を果たします。

CHECK!

◎長所

・上司、部下ともに信頼を得られる
・出世する運がある

△短所

・変わり身が早い
・損得を考えて行動する

→正しい付き合い方

とんとん拍子に出世するタイプです。計算高いところがあるので、弱みは見せないようにしましょう。

額に一本だけ深く刻まれたシワがある

自主性を重んじる

気力十分の商才型

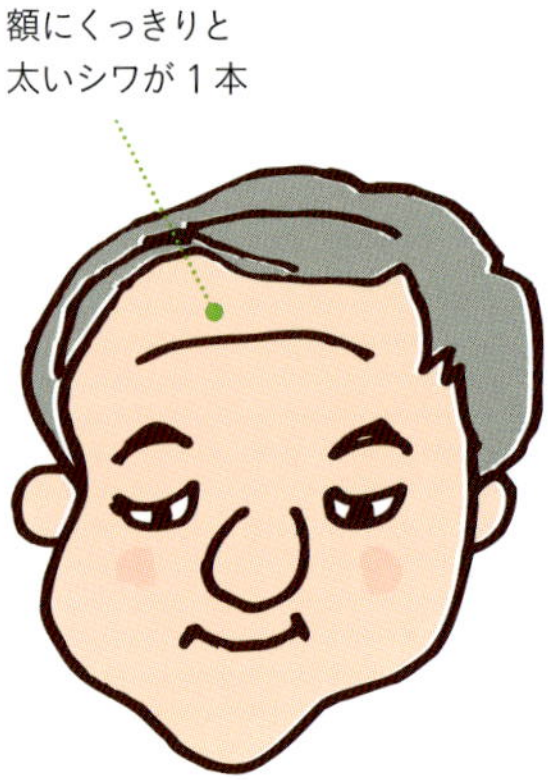
額にくっきりと
太いシワが1本

商才に長け、早くから自立している人が多いのが特徴です。気力、体力ともに充実しているのですが、やや根に持つところがあり、気に入った人にだけ肩入れをする癖があります。

CHECK!

◎長所

・気力と体力に富んでいる
・商魂たくましい

△短所

・えこひいきをする
・執念深く根に持つ

→正しい付き合い方

骨身を惜しまず働く努力家です。親分肌のところがあるので、顔を立てれば引き立ててくれるかも。

額にシワがバラバラに刻まれている

我慢強いが優柔不断

試練の多い苦労型

さまざまな問題を抱えた苦労性の人に多く見られ、人一倍の努力が必要とされる相です。主体性がなく、やや決断力に欠けるところがありますが、尽力すれば中年以降に運が訪れます。

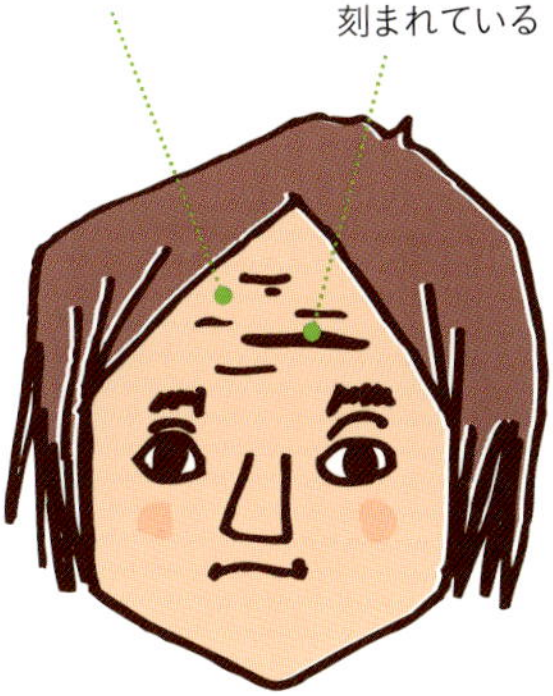
長さや太さも
乱れている
額にシワが
バラバラに
刻まれている

CHECK!

◎ 長所

・慎重に行動する
・自制心がある

△ 短所

・決断力に乏しい
・態度がはっきりしない

→ 正しい付き合い方

自分で決めることが苦手で人に合せようとするタイプです。決断を迫るようなことはひかえましょう。

三本の横シワに縦ジワで「王」の字

希少な大吉相

可能性を秘めた大器

額に「王」の字が刻まれたシワは、天下人に表われる相で大出世の可能性があります。しかし、それに見合うだけの試練もあり努力を要します。また、不慮の事故への注意も必要です。

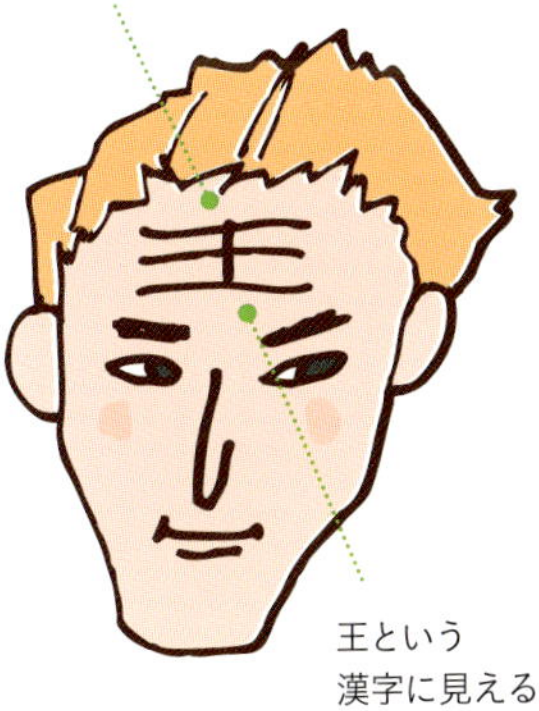
3本ある横シワの真ん中に
1本縦ジワが入る
王という
漢字に見える

CHECK!

◎ 長所

・大物の器がある
・トップを取る運を持っている

△ 短所

・大きな試練がある
・事故に遭いやすい

→ 正しい付き合い方

滅多にない大物の運勢、波乱万丈の人生が予想されます。あなたもその波乱に巻き込まれないように。

TECHNIQUE

04 眉で見分ける

POINT

- 生まれ持った生命力がわかる
- 親兄弟との縁を示している
- コミュニケーション力を測る

「眉《び》目《もく》秀《しゅう》麗《れい》」という言葉が示すように、整った眉は、美しく端正な表情を与えてくれます。

女性の場合、流行によって眉の太さや形も変わりますが、観相学で良相とされる眉は、目の幅を基準として少し長く艶があり毛並みの良いものになります。切れているものや左右の高さが違うものは良くありません。

眉と眉の間は、運気の通り道と考えられています。狭いよりも広いほうが出世が早いとされ、指1本半から2本程度の広さが理想的です。

眉からは、その人に生まれつき備わっている生命力を見ることができます。

眉が長い

健康的で社交的

育ちが良い血統型

長い眉は、家柄や育ちが良く親兄弟と縁が深いことを表わしています。仕事では出世して、地位と名誉を築くことができるでしょう。健康運も良く、人生を謳歌できるタイプです。

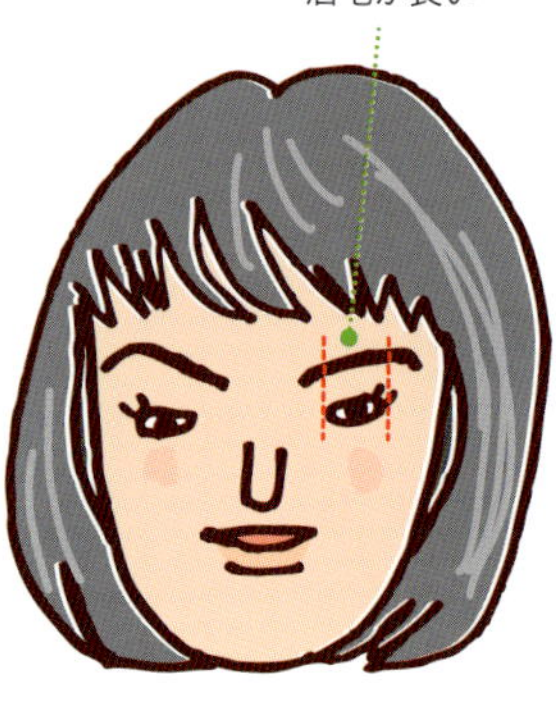

目の幅よりも
眉毛が長い

CHECK!

◎ 長所

- 地位と名誉を手に入れる
- 血統がよく財産がある

△ 短所

- 自意識過剰
- 身内意識が強い

→ 正しい付き合い方

親兄弟と仲が良く家族を大切にします。家族ぐるみで付き合いをすると、信頼を得られるでしょう。

眉が短い

自立心が強い

内向的な孤立型

短い眉の人は、肉親との縁が薄く早くから自立しているところがあります。気が短く説教癖があるため、人から敬遠されることも多いでしょう。内向的で、孤立する傾向があります。

眉が目の幅に比べて短い

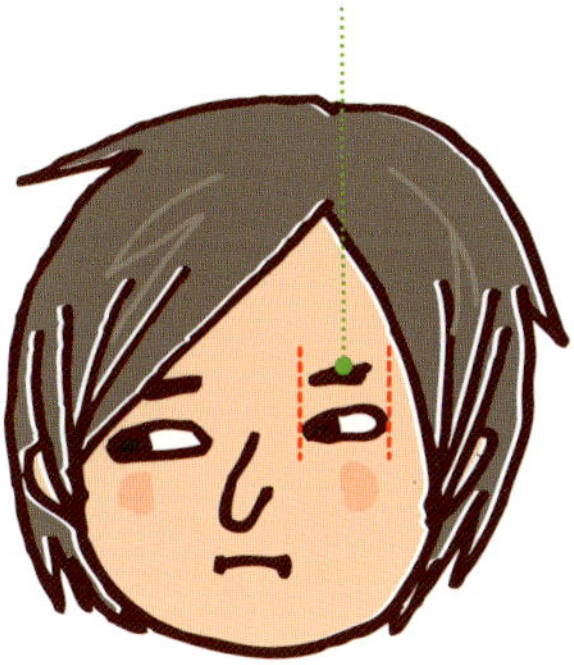

CHECK!

◎長所

- 早くから自立している
- 独立独歩の精神がある

△短所

- 口うるさい
- 人を信用しない

→正しい付き合い方

人の手を借りず何事もひとりで行うタイプ。相手から頼まれない限りは、おせっかいはしないように。

眉が太い

実行力に優れた

情に厚い温情派

眉が太い人は、意志が強く目標に向かって突き進みます。頑固で意地っ張りなので、人の意見を聞かないところがあります。情に厚く、困っている人を見ると放っておけないタイプです。

CHECK!

◎長所

- 人情味がある
- 実行力がある

△短所

- 意固地になりやすい
- 人の意見を聞かない

→正しい付き合い方

頑固で聞く耳を持たないところがあります。理論的に話すよりも、情に訴えたほうが上手くいくでしょう。

眉の幅が太い

←次ページへつづく

眉が細い

繊細で情緒的

ひかえめな内向型

細い眉を持つ人は、気が弱く消極的で引っ込み思案が多いようです。感受性が豊かで、情緒的なものに惹かれます。優柔不断なところがあり、考え過ぎて行動できないタイプです。

CHECK!

◎長所

・謙虚で奥ゆかしい
・感受性が豊かである

△短所

・気が弱く消極的
・頼りにならない

→正しい付き合い方

あれこれ思い悩んで行動できないタイプ。さりげなく後押ししてあげると、スムーズに進むでしょう。

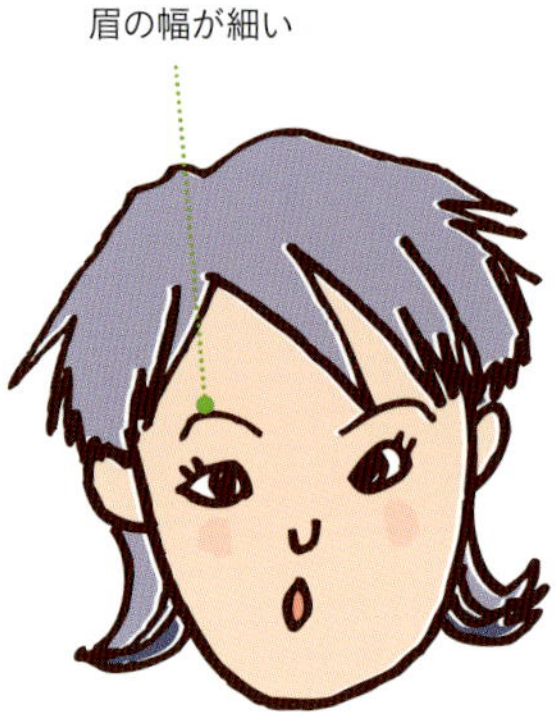
眉の幅が細い

眉の毛並みが良い

誠実で志が高い

出世するリーダー型

実直で志を抱いた人が多く、リーダーの資質を持っています。特に眉の中に長い毛が数本飛び出して生えている人は、トップに立つ運気があり、将来大出世することを示しています。

仙人のように
長い
眉毛が
ふさふさしている

CHECK!

◎長所

・真面目で指導力がある
・高い志を持っている

△短所

・野心が強い
・理想に振り回される

→正しい付き合い方

意気盛んで理想論を振りかざすところがあります。本音と建前を上手く使い分けて付き合いましょう。

目と眉の間が広い

温和で長生き

大らかな協調型

目と眉の間が広い人は、協調性があり、大らかで人付き合いが上手です。のんびりとした性格で、長生きをする相です。不動産運・相続運も持っているため、お金には困りません。

指１本よりも
広くあいている
目と眉の間の
標準は指１本

CHECK!

◎ 長所

・譲り合いの精神がある
・穏やかで落ち着きがある

△ 短所

・主体性に欠ける
・責任逃れをする

→ 正しい付き合い方

事なかれ主義なので、問題が起きても見て見ぬふりをすることも。返事が遅いときは催促も必要です。

尻上がり眉

意志が強く情熱的

負けず嫌いな強情型

尻上がりの眉は、強い意志を表わします。負けず嫌いで真っ直ぐな心を持っているのですが、意地っ張りなところがあります。何事にも情熱を持って当たり、困難にも心が折れません。

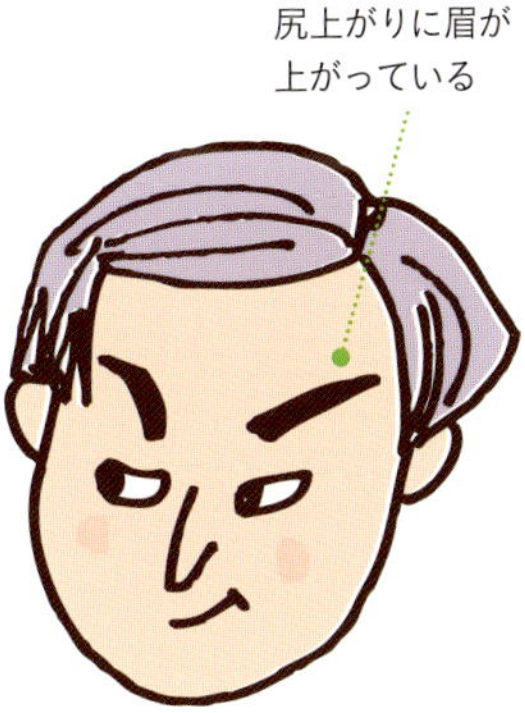
尻上がりに眉が
上がっている

CHECK!

◎ 長所

・最後までやり通す
・心が強くひるまない

△ 短所

・柔軟性に欠ける
・強情で頭が固い

→ 正しい付き合い方

自分が悪いと思っても引くことができないタイプ。先に折れてあげると、スムーズに事が運ぶでしょう。

← 次ページへつづく

三日月眉

三日月形の眉は、女性では理想の形とされています。穏やかで品があり、情感に優れています。芸術面での才能がありますが、人と競争することが苦手で神経質なところがあるでしょう。

CHECK!

◎ 長所

・思いやりがある
・エレガントで情感豊か

△ 短所

・人にだまされやすい
・精神的に不安定

→ 正しい付き合い方

デリケートで落ち込みやすいタイプです。元気がないと思ったら、気晴らしに連れ出してあげましょう。

華奢で気品がある

才色兼備型

三日月のような形

大きく弧を描いている

尻下がり眉

お人好しで人気者

世話好きの人情派

両方の眉を合せると八の字になる

眉尻が下がっている

眉尻が下がっている人は、世話好きで、誰からも好かれる人気者です。お人好しで頼みごとをされると嫌とはいえない性格ですが、要領の良いところもあり、世渡りも上手いでしょう。

CHECK!

◎ 長所

・世話好きで人情家
・世渡りが上手い

△ 短所

・嫌なことでも断れない
・人の面倒ばかり頼まれる

→ 正しい付き合い方

要領の良さがあり、見かけよりも頼りになるのがこのタイプです。困ったときは頼っても大丈夫です。

切れ切れ眉

血縁に恵まれない

粗野な武骨型

途中に切れ目がある眉の人は、後天的でも先天的でも肉親との縁が薄く波乱の多い人生を送ります。思考力も注意力も散漫です。性格も粗暴で、自堕落な生活に陥りやすいでしょう。

眉が一本につながらず
途切れている

CHECK!

◎長所

・武骨である
・豪快で野性的

△短所

・野暮ったく下品
・不作法で礼儀知らず

→正しい付き合い方

礼儀や作法にはこだわらないタイプです。ざっくばらんな付き合い方のほうが、上手くいくでしょう。

眉の中にホクロ

才気があり頭脳明晰

チャンスに強い社会派

眉の中にホクロがある人は、頭脳明晰で、芸術や芸能分野で活躍できる才能があります。ここぞというときに強く交渉事に長けているので、社会的に高い地位につくことが多いでしょう。

眉の中に
ホクロがある

CHECK!

◎長所

・才能に恵まれている
・チャンスをものにできる

△短所

・損得に敏感
・抜け目がない

→正しい付き合い方

口が達者で、損得を考えてから動くところがあります。話を吟味して口車には乗らないようにしましょう。

← 次ページへつづく

左右の高さが違う

環境に左右される

運勢不安定型

左右の眉のバランスが悪い人は、心のバランスも悪く不安定です。複雑な家庭環境にある場合が多く運勢も安定しないでしょう。物事を悲観的にとらえ、何事も自分本位に考えがちです。

左右の眉の高さが
違っている

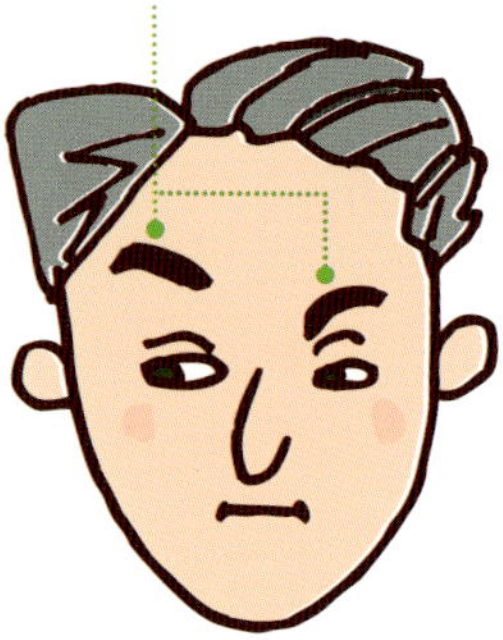

CHECK!

◎長所

- 浮ついたところがない
- 内省的である

△短所

- 悲観的に考える
- 自己中心的

→正しい付き合い方

最悪のケースを想定してから動くタイプです。失敗した場合の処置も考慮しておくと安心するでしょう。

眉間が広い

寛大で余裕がある

出世の早い開運型

眉間は運気の通り道。眉間が広い人は、寛大で出世が早く開運に恵まれます。周囲からの引立てもあるでしょう。ただし、女性の場合は眉間が広すぎると、異性関係がルーズになります。

眉間の幅は
指１本半から
２本くらいの広さ

CHECK!

◎長所

- 心にゆとりがある
- 早くに開運する

△短所

- 異性関係にだらしない
- お金に無頓着で散財する

→正しい付き合い方

細かいことには大雑把で、ややだらしないところがあります。お金の貸し借りはしないように。

眉間にホクロがある

劇的に苦難が多い

波乱万丈型

眉間にあるホクロは、苦難が多い波乱の運勢を表わします。しかし、それに見合うだけの強い精神力があり、先を見通す力も持っています。良くも悪くも個性的な人が多いでしょう。

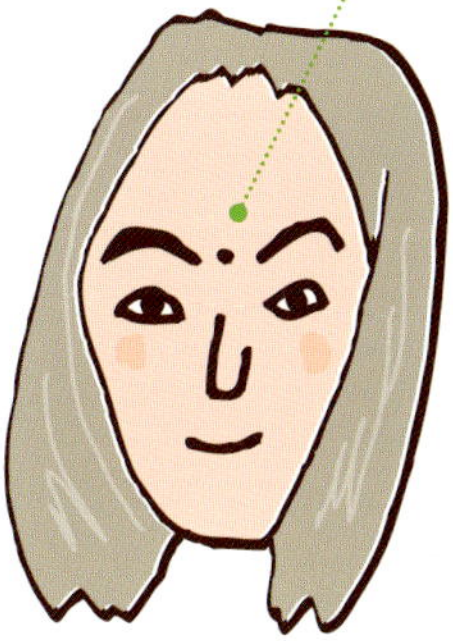
眉間の真ん中に
ホクロがある

CHECK!

◎長所

- 先見の明がある
- 困難に立ち向かう

△短所

- 揉め事が絶えない
- 災難が多い

→正しい付き合い方

キャラクターの濃い人が多く、一筋縄ではいかないタイプ。相手の個性を尊重するようにしましょう。

眉間のシワ

モチベーションが高い

上昇志向型

眉間に1本のシワがある人は、自分にも他人にも厳しいタイプです。上昇志向が強く、金銭に対する執着も強いでしょう。2本のシワであれば、合理的なお金の使い方ができる人です。

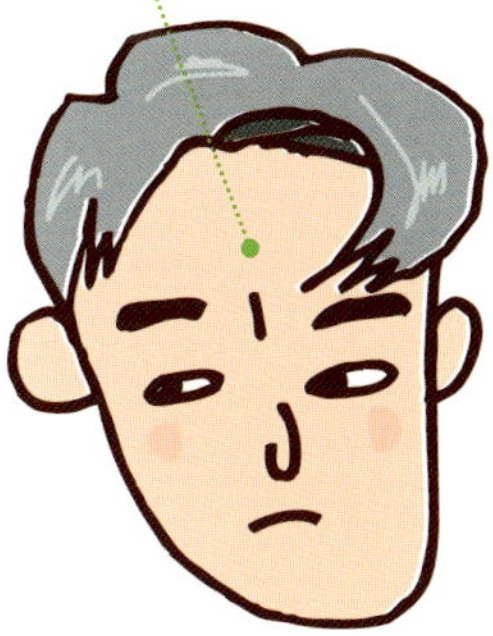
眉間に1本の
縦シワがある

CHECK!

◎長所

- 向上心がある
- モチベーションが高い

△短所

- 金銭に執着する
- 気性が激しい

→正しい付き合い方

野心が強いので、人を押しのけても出世しようとします。足元をすくわれないように気をつけて。

TECHNIQUE 05

目で見分ける

POINT
- 意志力や精神力を見る
- 性格や気質がわかる
- 本心が表れる

「目は心の窓」と昔から言い伝えられ、人の心を映し出す鏡のようなものと考えられてきました。観相の達人は、目を見た瞬間にその人のすべてがわかってしまうと言います。

また、「目は口ほどに物を言う」とも言われ、言葉と同じくらいに雄弁で、本心を見抜くこともできます。そのため、相手に心を悟られたくないときには、無意識に目を合わせまいとするのでしょう。

心の清らかな人は目も澄んで美しく、社会で「芽」を出すと言われます。目の大きさ、形、位置、目の動かし方など目にはその人の性格や気質が表れ、観相の基本となっています。

左右の目の高さが水平

意志が強く愛情深い

素直なバランス型

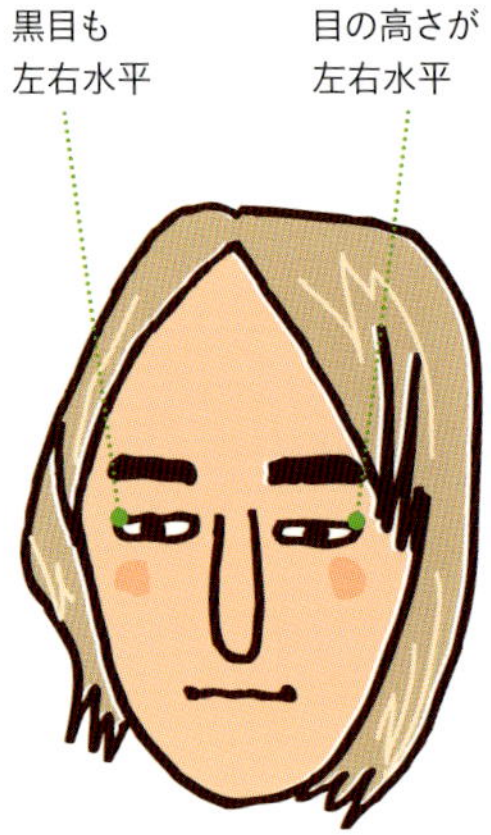

思いやりに厚く素直な性格で、落ち着きを身につけている人です。意志が強くバランス感覚にも優れているので、何事も抜かりなくこなすでしょう。愛情深く異性にも尽くすタイプです。

CHECK!

◎長所
- 真っ直ぐな心を持っている
- やさしく情け深い

△短所
- 人を信じやすい
- 愛情に振り回される

→正しい付き合い方

思いやりに厚いのですが、情が深いので思いつめると怖いタイプです。恋愛関係で別れるときは慎重に。

※基本的に男女共通です

黒目が大きい

真心を尽くす

純粋な奉仕型

目の全体に対して
黒目部分が大きい

真心にあふれ、困っている人を見ると放っておけないタイプです。純粋で邪心のない澄んだ心を持っています。奉仕する精神が強く親身になって接するので、人望も厚いでしょう。

CHECK!

◎長所

・思いやりがある
・誰にでも親切

△短所

・人に利用されやすい
・単細胞のところがある

→正しい付き合い方

一途なところがあり、理想論に走る傾向があります。現実感覚を忘れずに話を進めていきましょう。

三《さん》白《ぱく》眼《がん》

冷静だが利己的

冷酷な無情型

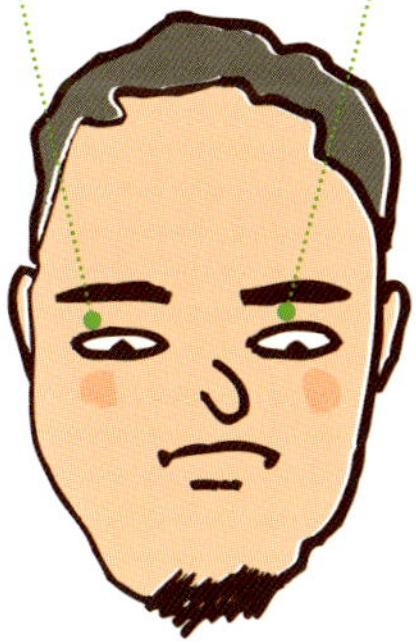
左右と上の三方向が
白目の三白眼
黒目が小さい

常に冷静に物事をとらえ頭も切れるのですが、冷酷で利己的な性格を持っています。執念深いところがあり、嫉妬心も強いでしょう。同情心に欠け、人を疑ってかかる傾向があります。

CHECK!

◎長所

・冷静に物事を考えられる
・客観的な見方ができる

△短所

・執念深く猜《さい》疑《ぎ》心が強い
・冷酷で自分勝手

→正しい付き合い方

冷酷で執念深いので、怒らせると怖いタイプです。嫉妬心も強いので、自慢話はひかえましょう。

←次ページへつづく

目が丸くて大きい

社交的だが気が短い

空気を読む察知型

場の空気を読むのが上手く社交的な人が多いでしょう。表現力があり人の心をつかむことに長けています。異性からもモテるのですが、短気で気まぐれ、飽きっぽいところがあります。

大きくて
くりっとしている
丸く
どんぐりのような目

CHECK!

◎長所

・明るく社交的
・表現力が豊か

△短所

・熱しやすく冷めやすい
・短気で気まぐれである

→正しい付き合い方

気が短いうえに、気が変わりやすいところがあります。交渉事などはスピーディーに行いましょう。

切れ長の目

才能あふれる

完全主義型

切れ長の目は「竜眼《りゅうがん》」と呼ばれ、意志が強く才能に恵まれた吉相です。向上心と好奇心が旺盛で、何事にも積極的に取り組みます。人望も厚く、統率力に秀でたリーダータイプです。

目尻が長く
切れている
涼しげな目元

CHECK!

◎長所

・意志が強く才能がある
・統率力がある

△短所

・主張を押し通そうとする
・完璧でないと気がすまない

→正しい付き合い方

完璧主義者で妥協をすることがありません。疑問があれば質問して、漏れがないようにしましょう。

目元に切れ込みが入った目

したたかで欲深い

狡猾な打算型

打算的な考えをする人に多く見られます。ずるがしこく自分の欲望のために人を切り捨てることも平気なタイプです。家庭運に恵まれず、異性を利用して揉め事を起こすことがあります。

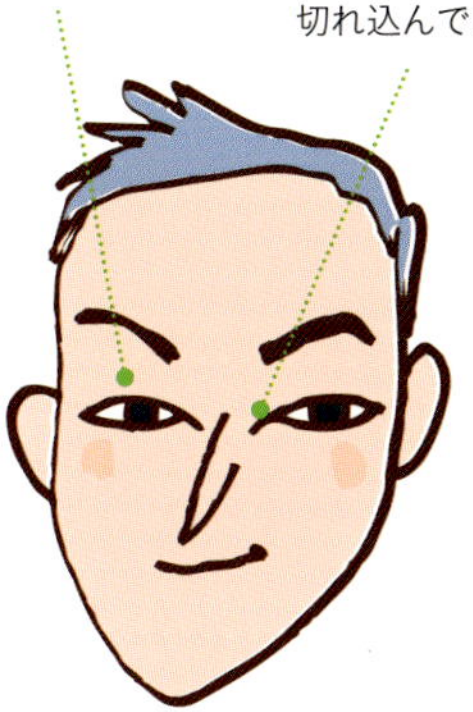
鷲や鷹のような目
目頭が鋭く
切れ込んでいる

CHECK!

◎長所

・駆け引きが上手
・欲望に正直

△短所

・ずるがしこい
・人を利用する

→正しい付き合い方

目的のためには手段を選ばずに遂行します。平気で裏切るので、利用されないように気をつけましょう。

切れ長でつり目

強情で負けず嫌い

勘が良い芸能型

切れ長でつり目の人は、勘が良く負けず嫌い、場を読むことに長けているので芸能全般に向いている相です。若いころから人気が出るのですが、実際は孤独な人生を送ることになります。

目尻が
つり上がっている
目尻が
長く切れている

CHECK!

◎長所

・空気を読むことができる
・勘が良く人を惹きつける

△短所

・見栄を張りたがる
・自分の意見を押し通す

→正しい付き合い方

我が強く自分の考えを押し通そうとします。まずは相手の意見を肯定してから、話を切り出しましょう。

← 次ページへつづく

たれ目

柔和だが意志が弱い

誘惑に弱い癒し系

たれ目の人は、協調性に富み場を和ませる雰囲気を持っています。おっとりとして親しみやすいタイプですが、意志が弱いところがあり、特に異性からの誘惑には弱い傾向があります。

CHECK!

◎長所

・やさしく親しみやすい
・人に安心感を与えられる

△短所

・自分に甘くだらしがない
・異性の誘惑を断れない

→正しい付き合い方

基本的に考えが甘いところがあります。目標を明確にして、計画をしっかり立てるようにしましょう。

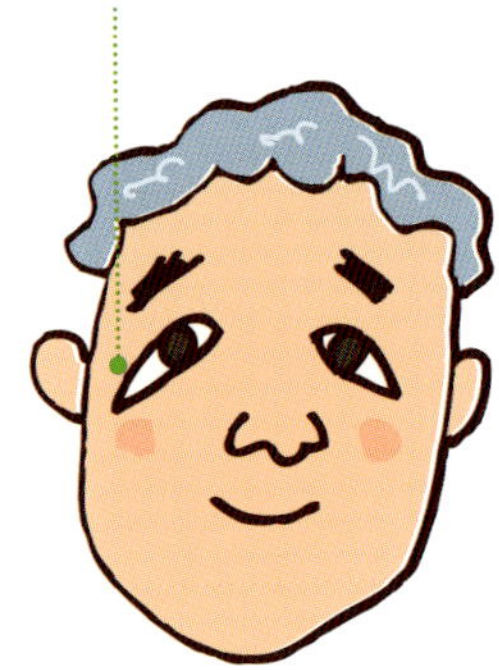
目尻が下がっている

目と目の間が広い

協調性に富んだ

楽天的な依存型

目と目の間が広い人はのんびりした性格です。不器用ですが、正直なので目上から可愛がられるタイプです。自分の考えが固まっていないため、依存心が強く頼りないところがあります。

指2本以上
開いている
目と目の間が広い

CHECK!

◎長所

・楽天的である
・目上から可愛がられる

△短所

・頼りにならない
・不器用である

→正しい付き合い方

依存心が強いので、下手をすると頼られっぱなしになることも。都合が悪いことは、はっきりと断って。

出ている目

まぶたが薄く目が出ている人は、観察力に優れ人の気持ちを読むことに長けています。聡明ですが、意志が弱く神経質な性格です。まぶたが厚い人は、自信家で活発な性格でしょう。

聡明だが気が弱い

神経質な観察型

まぶたが薄く
目が出ている

CHECK!

◎ 長所

・機転が利く
・観察力がある

△ 短所

・意志が弱い
・神経質で消極的

→ 正しい付き合い方

常に冷静で物事をよく観察するタイプですが、行動力に欠けます。背中を押してあげましょう。

彫りの深いくぼんだ目

口下手で頑張り屋

不言実行型

目がくぼんでいる
目鼻立ちの
彫が深い

口下手で意思表示が苦手ですが、常に気配りを忘れずに周りを気遣うタイプです。堅実で我慢強く、困難なことがあってもくじけません。地道にコツコツと努力を続ける頑張り屋です。

CHECK!

◎ 長所

・気配りが行き届いている
・注意深く堅実である

△ 短所

・話が下手である
・自己表現が苦手

→ 正しい付き合い方

意思表示がないため何を考えているのかわからないことも。こちらから意思の疎通をはかりましょう。

TECHNIQUE

06

鼻で見分ける

POINT

- 自己主張の強さがわかる
- 金運・財運を示している
- 健康状態や生活力を測る

鼻は顔の中心にあり、最も目立つ場所に位置しています。自分自身を指し示すときに鼻を指さすことからも、鼻は自己主張をする器官であり、自我や自尊心を表わします。

観相学では、鼻は「花」を示すと言われます。これは、鼻が貧弱では人生の花が咲かないということ。生活能力を表わすので、男性を観相する場合には特に重要です。どっしりとして立派な鼻ならば、経済力が豊かであることを示しています。

鼻からは、中年期の運勢を知ることができます。金運・財運を表わす部位であり、内臓の強弱など健康状態を見ることもできます。

鼻が高い

プライドが高い

自信満々の功名型

鼻の高さはプライドの高さを表わします。自信家で自意識が強く、人を見下すようなところがあります。財産よりも地位や名誉にこだわり、社会的に成功することを目標にします。

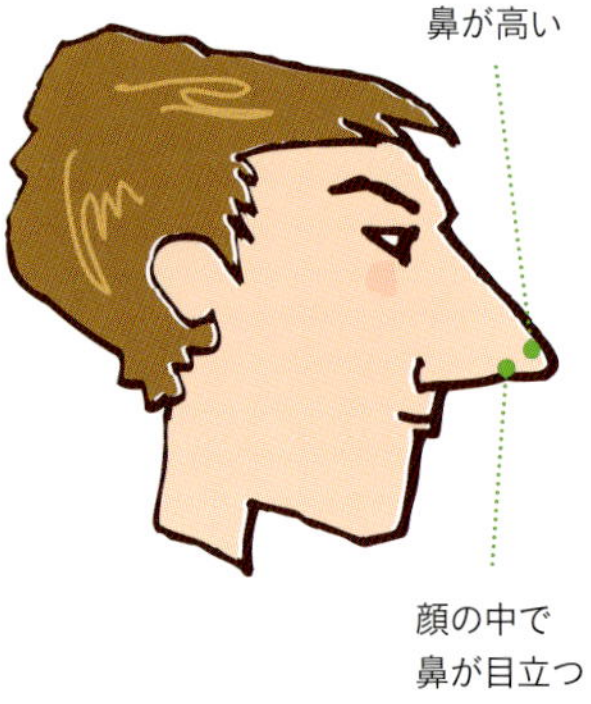

鼻が高い
顔の中で
鼻が目立つ

CHECK!

◎長所

・何事にも積極的である
・自信にあふれている

△短所

・人を見下すところがある
・プライドが高く自意識過剰

→正しい付き合い方

プライドを大切にするタイプ。傷つけられると怒りだすかも。天狗の鼻を折らないように気をつけて。

鼻が低い

自信がなく消極的

意思の弱い同調型

低い鼻は、人格的に未成熟であることを表わし、自我が確立されていないことを示しています。自尊心が低く自己主張が弱いため、人の言いなりになりやすく取り込まれやすいでしょう。

鼻の高さがなく
貧弱

CHECK!

◎ 長所

・誰にでも合わせられる
・人当たりがソフトである

△ 短所

・自己主張が弱い
・人の言いなりになる

→ 正しい付き合い方

自分の意見がないタイプなので、回答を待っていても進展しません。確認だけして先に進めましょう。

鼻が大きい

活力にあふれる

運が強いパワー型

積極的に自分の人生を切り開いていくタイプです。バイタリティにあふれ、金運や出世運など大きな運気に恵まれます。自己主張も強いのですが、人が良く、人からも好かれます。

CHECK!

◎ 長所

・バイタリティがある
・大きな運に恵まれる

△ 短所

・自己主張が強すぎる
・デリカシーに欠ける

→ 正しい付き合い方

大らかで頼りがいもあるのですが、繊細さに欠けるところが。細かいことは頼まないほうがいいかも。

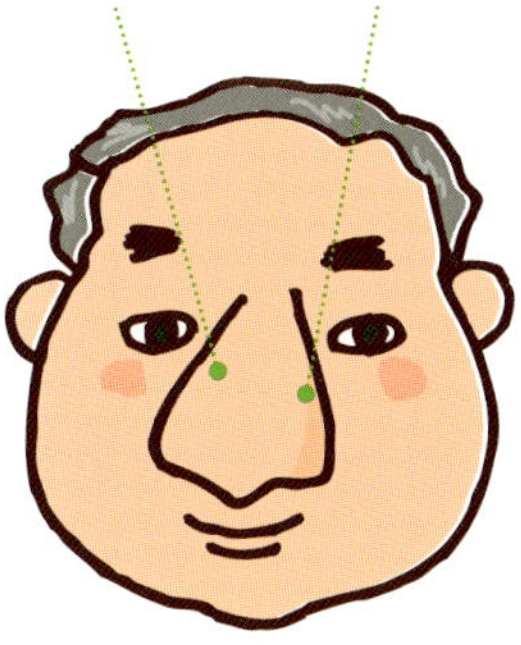
全体的に
肉付きが良い
鼻の幅が広く
大きい

← 次ページへつづく

鼻が小さい

頭は良いが運が悪い

気が小さい不運型

鼻の小さな人は、頭は良いのですが気が小さいところがあり、目先のことにこだわって運を逃がすタイプです。特に金運には恵まれず苦労します。肺と生殖器の弱い人が多いでしょう。

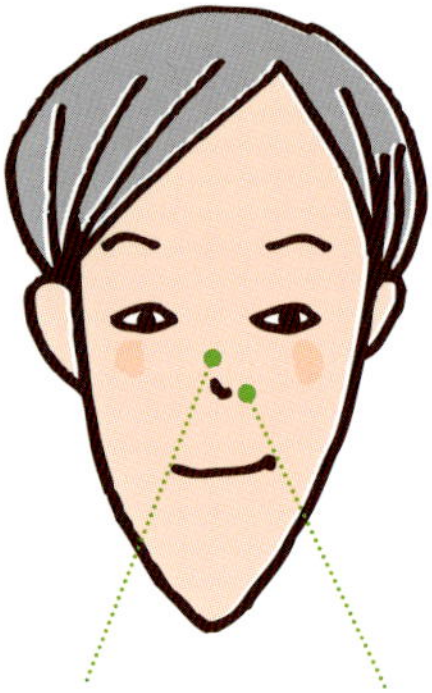

全体的に
肉が薄い
鼻の幅が狭く小さい

CHECK!

◎長所

- 頭が良い
- 地に足がついている

△短所

- 気が小さい
- 目先のことにこだわる

→正しい付き合い方

大局的に物事を判断するのが苦手なタイプ。目の前にあることから、一つずつ片づけていきましょう。

鼻が長い

温和で思慮深い

几帳面な探求型

鼻の長い人は、寿命も長いのが特徴です。穏やかな人柄で思慮深く几帳面な性格ですが、頑固で融通性に欠けるところもあります。知力が高いので、学者や技術者に多く見られます。

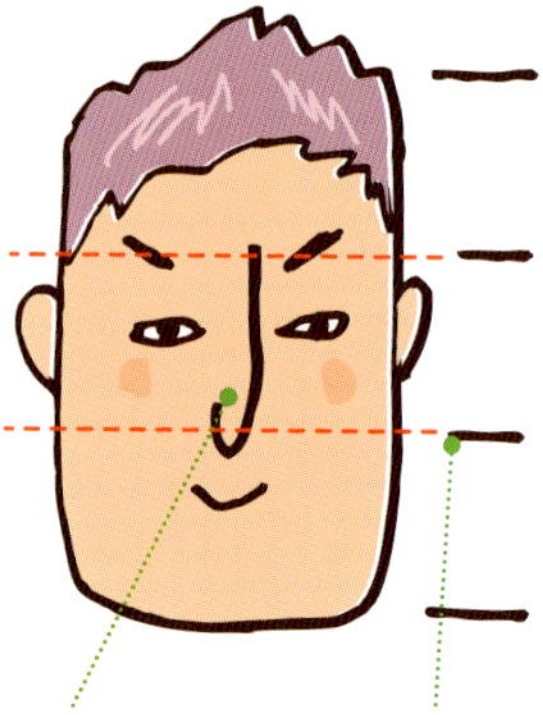

3分の1よりも
鼻が長い
※顔を3等分した
長さが鼻の標準

CHECK!

◎長所

- 判断力に優れている
- 穏やかで長寿である

△短所

- 堅苦しいところがある
- 融通性に欠ける

→正しい付き合い方

すみずみまで整えておきたいタイプです。特にお金に対しては潔癖なので、ルーズな態度は慎んで。

鼻が短い

軽率だが社交的

開放的な楽天型

開放的で、物事を楽観的にとらえます。気取らず親しみやすい人柄で、周りに人が集まってくるタイプでしょう。反面、深く物事を考えることが苦手で、軽率。短命の相でもあります。

3分の1よりも
鼻が短い

CHECK!

◎長所

・明るく人に好かれる
・ほがらかで快活である

△短所

・軽率で寿命が短い
・物事を深く考えられない

→正しい付き合い方

誰とでも友だちになり楽しく人生を謳歌しようとするタイプです。暗い顔や悲観的な考えは禁物です。

鼻孔が大きい

オープンで裏がない

口の軽い浪費型

大きな鼻孔は、浪費家の相です。気前が良くて裏表のない性格ですが、慎重さに欠け散財しがちです。隠し事が苦手で秘密を守ることができず、つい漏らしてしまうところがあります。

鼻の穴が大きく
開いている

CHECK!

◎長所

・隠し事がない
・気前が良い

△短所

・浪費癖がある
・秘密を守れない

→正しい付き合い方

悪気はないのですが、隠し事ができずに秘密の話も漏らしてしまいます。内緒話はしないように。

← 次ページへつづく

小鼻が大きい

衣食住に困らない

財を築く成金型

小鼻がふっくらとして大きい人は、金運・財運に恵まれ無一文から財産を築き上げる才覚を持っています。活動的で仕事で成功する相ですが、性格は大雑把で感受性も低いでしょう。

CHECK!

◎ 長所

・金運・財運がある
・仕事で成功を収める

△ 短所

・感受性や情緒が薄い
・細かいことに無頓着

→ 正しい付き合い方

エネルギッシュで何事にも精力的に取り組みます。一緒に行動する場合には体力はつけておきましょう。

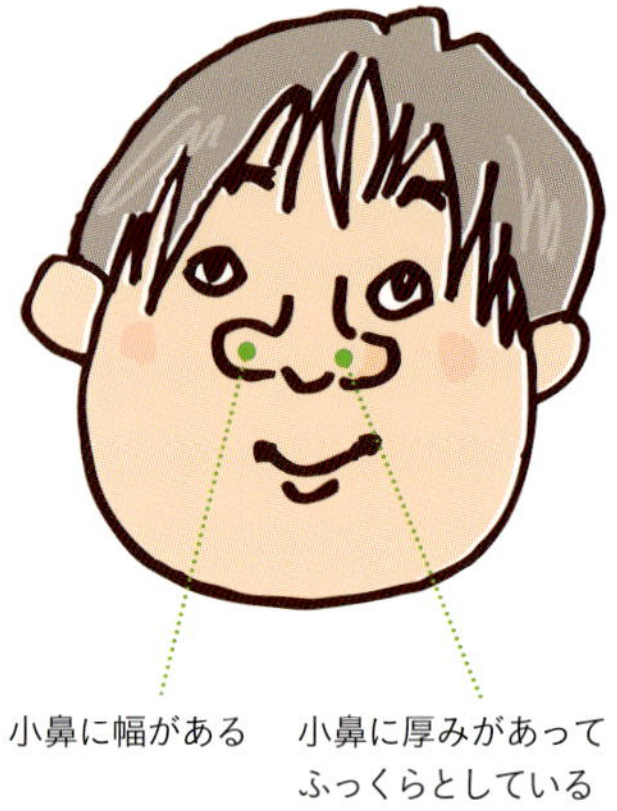
小鼻に幅がある
小鼻に厚みがあって
ふっくらとしている

鼻がとがっている

自己主張が強い

一言多い明言型

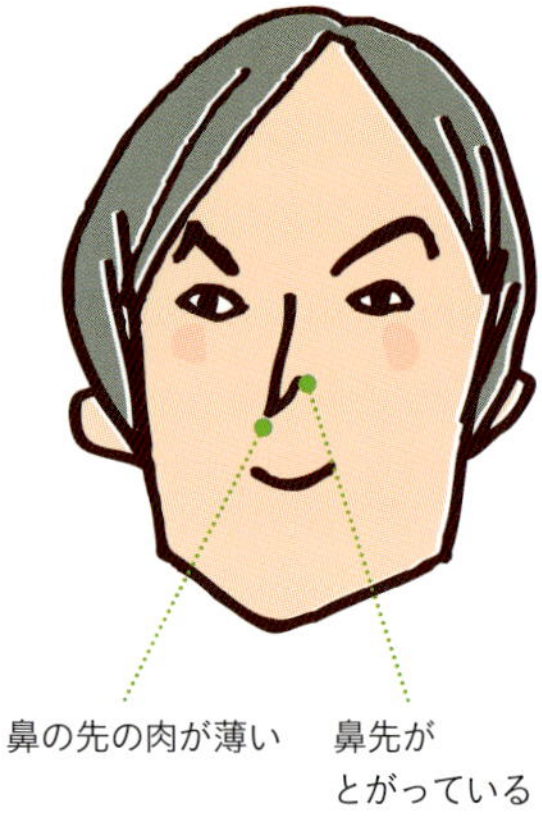
鼻の先の肉が薄い
鼻先が
とがっている

鼻先がとがっている人は、自己主張が強くはっきりものをいう人です。頭が良く物事への適応能力も高いのですが、思ったことはすぐ口に出してしまうので損をすることも多いでしょう。

CHECK!

◎ 長所

・はっきりと主張ができる
・物事への適応能力がある

△ 短所

・一言多いところがある
・何でも口に出してしまう

→ 正しい付き合い方

思ったことは言わなければ気がすまないタイプです。相手の発言をさえぎらないようにしましょう。

団《だん》子《ご》鼻《ばな》

円満で親しみやすい

愛嬌のある庶民派

鼻先が団子のように丸い人は、愛嬌があって親しみやすい円満な性格です。誰に対しても悪意を持つことがありません。金運も良いのですが、少しルーズなので気をつけましょう。

CHECK!

◎長所

- 穏やかで悪意がない
- 生活が安定している

△短所

- お人好し
- 人に騙されやすい

→正しい付き合い方

やることに悪意がないタイプです。言葉の裏を読まなくても大丈夫。正直なお付き合いをしましょう。

団子のような形
鼻先が丸く大きい

鉤《かぎ》鼻《ばな》、曲がっている

時流を見分ける

勘の良い商才型

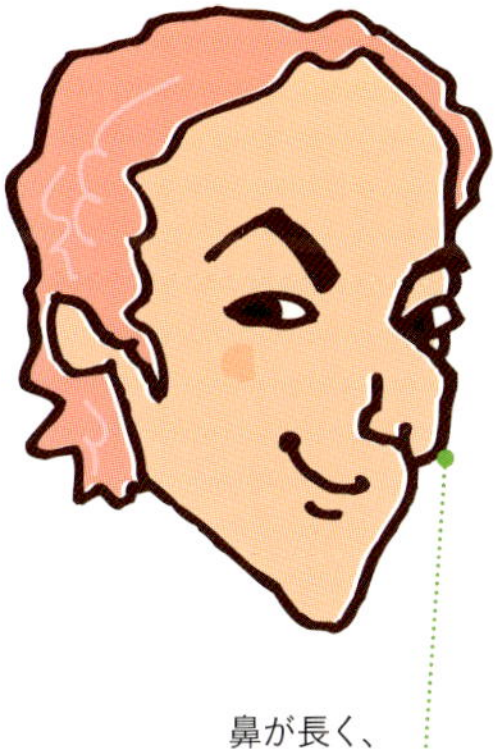
鼻が長く、
鼻頭が下がっている

いち早く情報を集める能力が高く、時代の流れを見抜く目を持っています。金銭欲が強く利己的な面もありますが、勘が良く商才に長けているので、財産を残すことができるでしょう。

CHECK!

◎長所

- 商才に優れ財産を残す
- 時代の流れをつかむ目がある

△短所

- 金銭に執着する
- 自分勝手で欲深い

→正しい付き合い方

金銭に対して細かいタイプ。お金が原因で関係が悪くなることもあるので、貸し借りはしないように。

TECHNIQUE

07 耳で見分ける

POINT

- 生まれ持った運勢がわかる
- 家柄や財力を表わす
- 精神と肉体のコンディションを示す

耳は生涯を通じてその形状が変化しないものとされ、観相学の中でも、先天的な要素が強く、宿命的な運勢を示しています。

「福耳《ふくみみ》」という言葉があるように、ふっくらと豊かな耳たぶは福を呼び幸運に恵まれる吉相です。特に耳たぶの上に米粒や硬貨が乗るくらいに、くの字に曲がっているものが最上とされています。大黒《だいこく》様や恵比寿《えびす》様のような耳ですね。

耳は、その人が生まれつき持っている運勢の強さを表わします。幼少時を反映するとして、家庭環境や親との関係を見ることができます。財運を示し、精神と肉体の好不調を知ることができるでしょう。

耳が大きい

調和を重んじる

慎重な堅実派

常識的で堅実、物事を深く考えてから行動する慎重なタイプです。記憶力、判断力にも優れ、調和を重んじます。純粋で情にもろいところがあり、子孫繁栄の運気も持っています。

顔の中で
耳が目立つ
全体的に
耳が大きい

CHECK!

◎長所

- 子孫繁栄の運勢がある
- 堅実で物事を深く考える

△短所

- 情にほだされる
- 画一的である

→正しい付き合い方

調和を重んじるあまりに画一的な傾向があります。突飛な言動は避け、常識的に振る舞いましょう。

耳たぶが大きくたれている

健康で円満

福を呼ぶ幸運型

福を呼ぶ「福耳」の相です。体力と財力に恵まれており、生活に困ることがありません。温厚な性格で家族や友人に囲まれて人間関係も円満です。子孫繁栄と長寿の運も持っています。

耳たぶの下がたれている
耳たぶが大きくふっくらしている

CHECK!

◎ 長所

・円満な人間関係が築ける
・健康で金運に恵まれる

△ 短所

・逆境に弱い
・孤独に耐えられない

→ 正しい付き合い方

常に周りに人が集まるにぎやかなタイプです。大勢でいることを好むので社交性が求められます。

耳の輪郭がはっきりしている

財運に恵まれる

聡明な常識派

耳の輪郭がはっきりとしているタイプは、聡明で秩序正しく行動する常識人です。名門の家柄に生まれた人に多く見られます。財運があり、親からの財産を受け次ぐことができるでしょう。

耳の輪郭がくっきりとしている
耳の輪郭が整っている

CHECK!

◎ 長所

・聡明で常識がある
・育ちが良い

△ 短所

・打たれ弱いところがある
・バイタリティに欠ける

→ 正しい付き合い方

温室育ちのところがあるので苦境に弱いタイプです。追い込まずに、逃げ道を用意してあげましょう。

← 次ページへつづく

耳たぶが厚い

気力体力旺盛な

自信に満ちた行動派

耳たぶが厚い人は、肝が太く物事に動じません。自信にあふれ行動力もあります。体力にも優れており精力も旺盛で長寿の人が多いでしょう。財運もあり親からの財産を受け継ぎます。

CHECK!

◎長所

- 自信にあふれている
- 精力があり長寿

△短所

- 欲望が強い
- 体力を過信する

→正しい付き合い方

スタミナに自信があるのでハードスケジュールになりがちです。一緒に行動するときは体力に気をつけて。

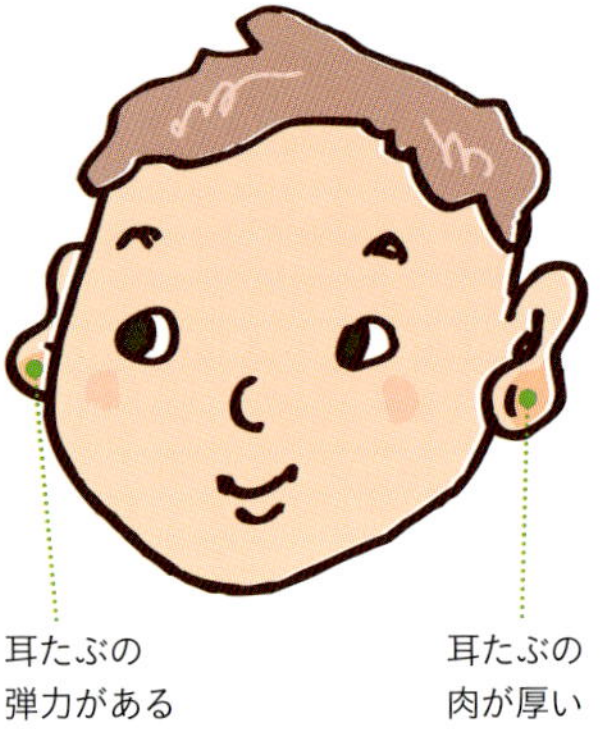
耳たぶの弾力がある
耳たぶの肉が厚い

耳の色が白い

コンディション良好

波に乗る追い風型

白色で張りのある耳は、腎臓《じんぞう》の機能が良好であることを示しています。運勢も良好で、波に乗りぐんぐん伸びる相です。壁にぶつかっても、運気は好転。名声を得るようになるでしょう。

ツヤ
ツヤ
ツヤツヤしている
耳が白くてハリがある

CHECK!

◎長所

- 腎機能が良好
- 名声運がある

△短所

- 調子に乗る
- 舞い上がりやすい

→正しい付き合い方

今は壁につきあたっても、近いうちに運気が好転し追い風を受けます。先を見越して付き合いましょう。

耳の色が悪い

精神・肉体ともに不調

問題がある不健康型

耳の色が悪い人は、体調に問題があります。悩み事やストレスなど心に苦しみを抱えており、循環器の障害も考えられます。耳たぶが黒くなっている場合は、腎臓《じんぞう》機能が悪化しています。

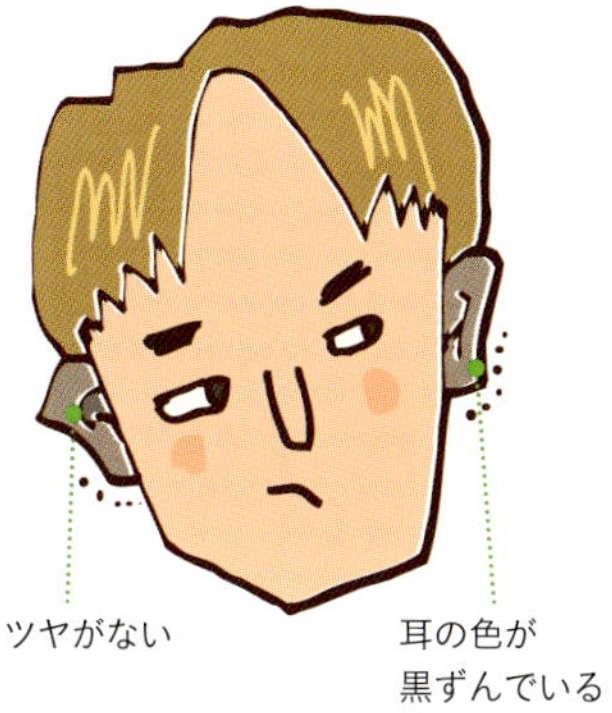
ツヤがない
耳の色が黒ずんでいる

CHECK!

◎ 長所

無し

△ 短所

・循環器・腎機能に障害がある
・心に苦しみがある

→ 正しい付き合い方

精神的にも肉体的にもコンディションが悪いことを示しています。休養、または通院をすすめましょう。

耳が厚くて硬い

先を見て財を築く

運をつかむ強運型

耳が厚くて硬い人は、強運の持ち主です。運勢を的確につかんで波に乗り財産を築きます。体力にも恵まれ長生きするでしょう。資産の運用が上手く実業家として成功するタイプです。

硬くて弾力がある
耳に厚みがある

CHECK!

◎ 長所

・体力があり長寿
・強運で成功する

△ 短所

・仕事一辺倒になる
・ねたみを買いやすい

→ 正しい付き合い方

運気を読むことに長けているので調子が悪いときは会ってくれないかも。時期を選んで連絡しましょう。

←次ページへつづく

耳が頭にはりついている

意志が強く気力十分

独立独歩の指導者型

意志が強く、度胸も気力も十分なので、人に頼らずに自分の力で物事を動かそうとします。新しく事業を起こす人も多く、指導者として成功するタイプでしょう。名声運も持っています。

CHECK!

◎ 長所

・意志が強く行動力がある
・指導者の器がある

△ 短所

・人の意見を聞かない
・協調性がない

→ 正しい付き合い方

枠にはめられることを嫌い、既存の価値観を否定する傾向があります。柔軟な発想で対応しましょう。

耳が側頭部に
はりついている
ように見える
正面からは
耳がよく見えない

耳にホクロがある

一代で財を成す

感心な親孝行型

耳にあるホクロは、金運の強さを示します。一代で富を築くことができる才覚があります。人気運もあり異性からモテる人も多いでしょう。また、非常に親孝行なタイプです。

CHECK!

◎ 長所

・親孝行である
・金運と人気運がある

△ 短所

・親に振り回される
・身内意識が強い

→ 正しい付き合い方

親孝行は良いのですが中には親離れができない人も。ご両親への気遣いを見せると好感を持たれます。

耳たぶに
ホクロがある

耳の上端がとがっている

独自の価値観を持つ

不安定な流転型

耳のとがった人は、落ち着くことを嫌い独自の価値観で動きます。親から譲り受けた財産を守れずに使い果たす人もいるでしょう。配偶者や子孫にも恵まれず、不安定な運勢です。

耳の上端が
とがっている

CHECK!

◎ 長所

・独自の価値観を持っている
・独立独歩の精神がある

△ 短所

・不安定で財産を失う
・配偶者や子孫に恵まれない

→ 正しい付き合い方

一般的な価値観や常識がなく、好戦的なところがあります。距離を置いて付き合ったほうが賢明です。

女性で耳が大きい

異性で失敗する

やり手の執着型

大きい耳は良相ですが、女性は異性への執着から失敗することがあります。結婚後は夫を尻に敷くタイプで、未亡人になりやすいでしょう。仕事では辣《らつ》腕《わん》をふるい出世を果たします。

全体的に
耳が大きい

CHECK!

◎ 長所

・物事を巧みに処理する
・有能で出世運がある

△ 短所

・未亡人になりやすい
・異性関係で失敗する

→ 正しい付き合い方

独占欲が強く相手を支配しようとします。未亡人の相があるので、結婚するときは覚悟が必要かも。

TECHNIQUE 08

口・唇で見分ける

POINT

- 生活能力がわかる
- 人間性をチェック
- 食欲や性欲などの本能を示す

口は「言語の門」と言われ、言葉を使って社会とつながる門となります。魅力的な人は言葉を知っており、言葉で人を励まします。

口にはその人の意思が表われます。口から開運を導くこともありますが、気をつけないと「災いの門」となって逆境も作り出します。

また、口は「栄養」の入り口であり、生活力を表わします。大きな口は、旺盛な生命力の表われです。口の大きさは、その人の器の大きさを示し、唇の厚さは、情の厚さを示します。

口と唇を見ることで、その人の人間性を見極めることができるでしょう。

大きな口

大らかで頼りになる

面倒見の良い親分型

度量が大きく、生活意欲が旺盛で生命力にあふれています。何事にも大らかで細かいことは気にしません。面倒見が良く人をまとめる力もあるので、頼りになる大物タイプでしょう。

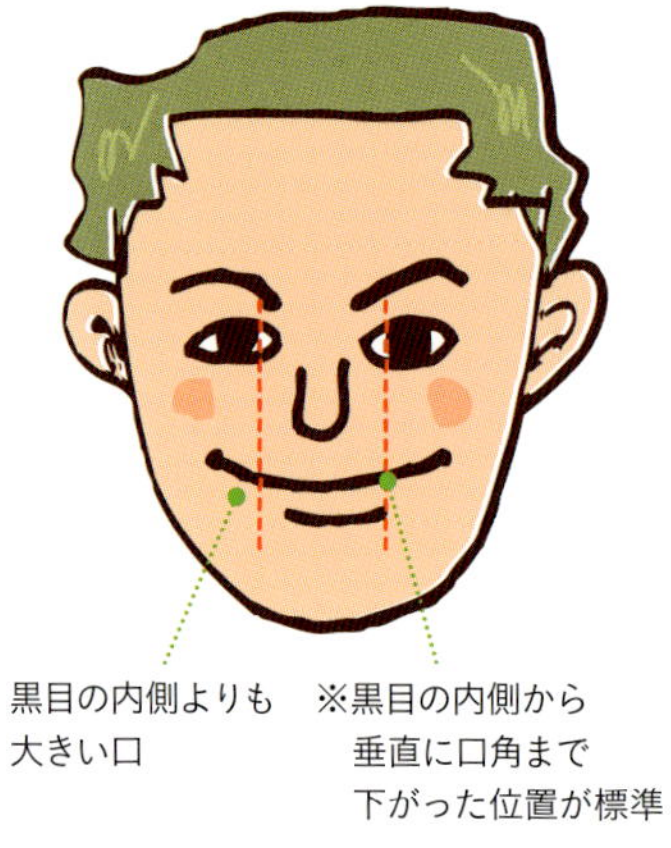

黒目の内側よりも
大きい口
※黒目の内側から
垂直に口角まで
下がった位置が標準

CHECK!

◎長所

- 度量が大きく頼りになる
- 大らかで統率力がある

△短所

- 大雑把である
- 細かいことが苦手

→正しい付き合い方

人の面倒を見ることが好きな親分肌。遠慮をすると水臭いと思われます。腹を割って付き合いましょう。

小さな口

繊細で意志が弱い
口下手な内弁慶型

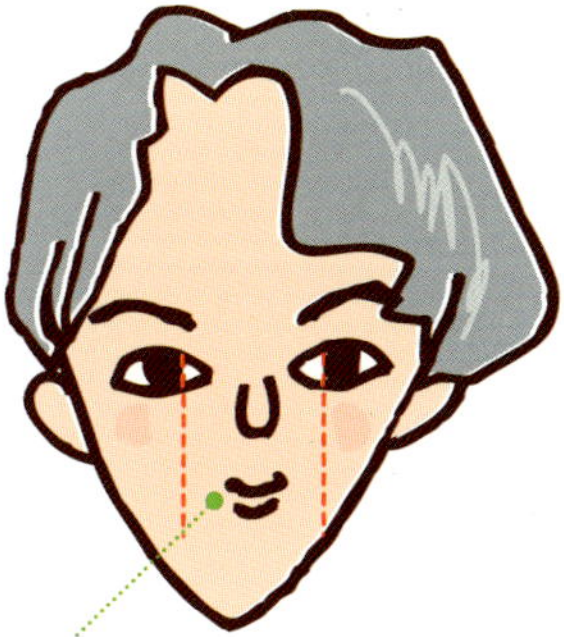
黒目の内側よりも
小さい口

細かいところまでよく気がつくのですが、引っ込み思案で実行力に欠けます。意志が弱く口下手なので、内弁慶な人が多いでしょう。小さなこともくよくよと気に病むタイプです。

CHECK!

◎長所

・繊細でよく気がつく
・ひかえめで出しゃばらない

△短所

・人前に出るのが苦手
・実行力が乏しい

→正しい付き合い方

思い切りが悪いので、なかなか決定することができません。決断が必要とされる際には締切りを作って。

への字口

困難にも屈しない
頑固な策謀型

頑固で、一度決めたことは最後までやり抜く強い信念があります。困難にも屈せず克服する気骨を持っていますが、策謀家の面もあります。男女ともに、配偶者に恵まれない相です。

CHECK!

◎長所

・強い信念と気骨がある
・困難も克服していく

△短所

・陰謀《いんぼう》を画策する
・配偶者に恵まれない

→正しい付き合い方

手段を選ばず策を企てるところがあります。油断せずに、相手の真意を見抜くようにしましょう。

への字のかたちに
なっている
口角が下向きに
なっている

← 次ページへつづく

三日月口

誰からも好かれる
プラス志向型

明るくユーモアがあり誰からも好かれる人気者です。何事にも前向きでプラス志向、周りを和やかにしてくれるムードメーカーです。文才に秀でた人も多く、出世運もあるでしょう。

CHECK!

◎ 長所

・明るくユーモアがある
・前向きで好感が持てる

△ 短所

・周りに人がいないと落ち着かない
・ひとりになると元気がない

→ 正しい付き合い方

明るくて誰からも好かれる人気者です。楽しいことが好きなので、暗い顔は見せないようにしましょう。

上弦型で
三日月のようである
口角が
上がっている

口の端をゆがめて笑う

批判精神に富んだ
疑い深い皮肉屋

口の端をゆがめて笑う人は、批判精神が強いタイプです。持論を持ち洞察力に優れているのですが、皮肉を口にするので嫌われやすいでしょう。負けず嫌いで、人を疑う傾向があります。

CHECK!

◎ 長所

・自分の意見主張がある
・洞察力に優れている

△ 短所

・一言多く嫌われる
・人を疑う傾向がある

→ 正しい付き合い方

何事も皮肉を言わなければ気がすみません。刺激しないように、よく考えてから話すようにしましょう。

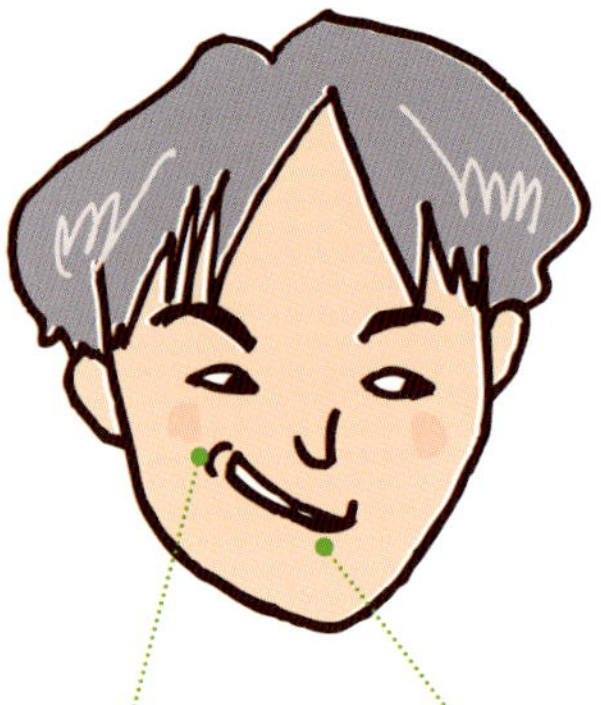
片方の口の端だけが
あがって笑う
口が左右対称に
開かない

唇が厚い

口下手だが誠実

博愛主義型

愛情が深く、誰にでも優しい博愛主義者です。口下手ですが、誠実で嘘がつけない性格です。味覚が発達しているので、料理上手な人も多いでしょう。女性は安産の相でもあります。

上下とも唇の肉が厚い
唇に弾力がある

CHECK!

◎ 長所

・誰にでも優しくできる
・料理上手である

△ 短所

・口下手である
・要領が悪い

→ 正しい付き合い方

実直で嘘がつけない性格なので聞かれると正直に答えてしまいます。秘密の話はしないほうがベター。

唇が薄い

クールで弁が立つ

冷静沈着型

愛情が薄く、恋愛にはあまり関心がないタイプです。何事も淡泊でクールな人が多いでしょう。頭の回転は早いのですが、二枚舌の面もあります。健康面では腰が冷えやすいでしょう。

上下とも唇の肉が薄い

CHECK!

◎ 長所

・冷静で落ち着いている
・頭の回転が早い

△ 短所

・薄情で裏表がある
・腰が冷えやすい

→ 正しい付き合い方

常に冷静に対話するように心がけましょう。二枚舌を使うところがあるので、言葉の裏も読むように。

← 次ページへつづく

下唇が出ている

理屈が多い

自己防衛型

理屈っぽく、自己防衛と自己愛の強いタイプです。何事も自分本位で反省することがないので、孤独になりやすいでしょう。反面、さびしがり屋で、情に流されるところもあります。

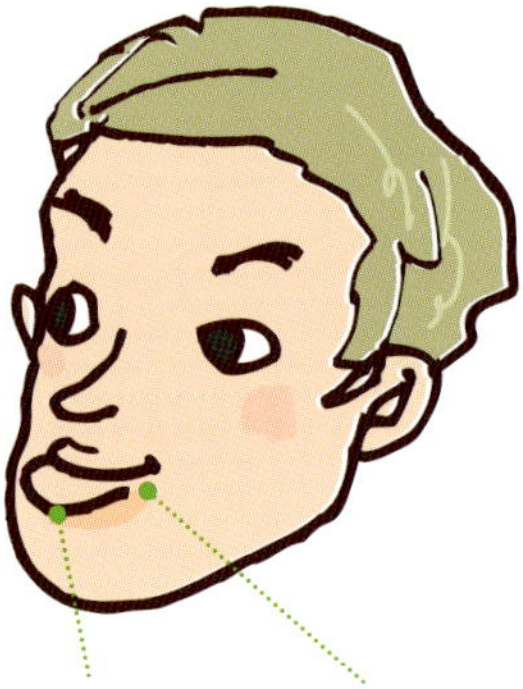

下唇が
突き出ている
受け口に
なっている

CHECK!

◎長所

- 理論的な思考ができる
- 自分を守る意識が強い

△短所

- 反省することがない
- 理屈が多く自己中心的

→正しい付き合い方

論を張りたがり、議論ともなると必ず反論してきます。前もって回答を用意しておくと良いでしょう。

一文字口

温厚で意志が強い

公平無私型

私利私欲がなく、感情に振り回されることがありません。物事を客観的にとらえ、公平に進めようとします。強い意志と温かな心を持ち合わせており、確実に運勢が開ける相です。

口を閉じたときに
「一」の字ができる

CHECK!

◎長所

- 客観的に物事をとらえられる
- 公平で私利私欲がない

△短所

- 融通が利かない
- 正論を吐き隙がない

→正しい付き合い方

客観的な視点を持って話すようにしましょう。常に正論が返ってくるので、感情的な意見は禁物です。

唇のたてジワ、傷

明るくほがらか

愛想が良い社交型

唇に縦のシワが多い人は、明るく社交的で、誰からも好かれる人気者タイプ。サービス精神に富み、結婚運、子孫運ともに良い相です。唇に傷があると、愛情運と金運に恵まれません。

唇に縦にシワが刻まれている

CHECK!

◎長所

- 社交的で明るい
- 結婚運、子孫運が良い

△短所

- おせっかいである
- 押しつけがましい

→正しい付き合い方

人をもてなすことが大好きなので、遠慮されるとガッカリするかも。歓待は素直に受けましょう。

ほうれい線

仕事に厳しい

熱心な辣腕《らつわん》型

ほうれい線が出ている人は、仕事熱心で何事にもベストを尽くす努力家です。２本のほうれい線があれば、特にやり手の相で熱心に働きます。副業を持つこともあるでしょう。

小鼻の脇から口の両脇に流れるシワ

CHECK!

◎長所

- 仕事ができる
- 努力を惜しまない

△短所

- 仕事を優先する
- ピリピリしている

→正しい付き合い方

くっきりとしたほうれい線は自分にも他人にも厳しいタイプ。仕事のミスは許さないので気をつけて。

TECHNIQUE

09

アゴで見分ける

POINT

- 晩年の運勢を見る
- 住居運・子孫運・部下運を示す
- 家庭生活や対人関係がわかる

「小顔」という言葉が象徴するように、現代ではアゴは細くシャープであるほうが好まれるようです。

しかし、運が良いとされるアゴは、肉付きが良く丸みがあって広いものです。二重《にじゅう》アゴは福相ですが、肥満によるものとは異なります。二重にはなっていても、アゴの肉が締まっているものになります。

アゴは住居運を示します。アゴが広く大きな人は広い土地の大きな家に、アゴが細く小さな人は、住居が定まらず狭い家に住むと言われています。

アゴは晩年の運勢を表わします。生活の基本となる家庭運と、社会での基盤となる対人関係を見ることができるでしょう。

広くて丸いアゴ

寛容で愛情深い

家庭円満型

広くて丸いアゴは、愛情が深く円満な家庭が築ける福相です。包容力があり、誰にでも気さくに接するタイプです。周りからの信頼も厚く、子孫に恵まれて幸福な晩年が送れるでしょう。

CHECK!

◎長所

・やさしく家庭的
・幸せな晩年が送れる

△短所

・権威に弱い
・個性がない

→正しい付き合い方

家庭的で、部下や同僚に対しても家族のような付き合いを求めます。フランクな対応を心がけて。

※基本的に男女共通です

狭くて丸いアゴ

純粋で思慮深い

ひかえめな自制型

アゴの先は丸い
アゴの幅は狭い

狭くて丸いアゴは、純粋でおとなしい人が多いでしょう。頭脳明晰で思慮深いのですが、実行力に欠けるところがあります。ひかえめで、要求があっても我慢をしてしまうタイプです。

CHECK!

◎長所

・思慮深く頭脳明晰
・自制心が強い

△短所

・実行力に乏しい
・我慢してしまう

→正しい付き合い方

ひかえめで、いいたいことも我慢してしまうタイプ。発言がしやすいように促してあげましょう。

尖ったアゴ

神経質で感受性が強く、理想を追い求めることから芸術家や研究者に向いている相です。気まぐれで愛情関係で悩みを抱えやすいタイプです。住居が定まらず引っ越しをくり返します。

理想を追求する

神経質な感性派

アゴが狭くて細い
アゴの先が
尖っている

CHECK!

◎長所

・感受性が強い
・理想を追求する

△短所

・恋愛で悩みを抱える
・住居運が不安定

→正しい付き合い方

デリケートなうえに、気難しいところがあります。無神経な発言をしないよう気をつけましょう。

← 次ページへつづく

角ばったアゴ

意志が強く合理的

猪突猛進型

思い切りが良く、目標に向かって突き進む猪《ちょ》突《とつ》猛《もう》進《しん》タイプです。実力重視の合理主義者で、人から命令されることを嫌い、自分の意思で行動しようとします。晩年運は良いでしょう。

CHECK!

◎長所

- 思い切りが良い
- 自分の意志を貫く

△短所

- 我を通そうとする
- 人の言うことを聞かない

→正しい付き合い方

人からあれこれ命令をされると、うるさいと思うタイプです。相手の自主性を尊重しましょう。

アゴが角ばっている
アゴは横に広い

突き出たアゴ（しゃくれたアゴ）

プライドが高く攻撃的

権力志向型

アゴが突き出ている人は、自我が強く感情の起伏が激しいのが特徴です。頑固でプライドが高く人の意見を聞こうとしません。権力志向が強く攻撃的なので、敵を作りやすいタイプです。

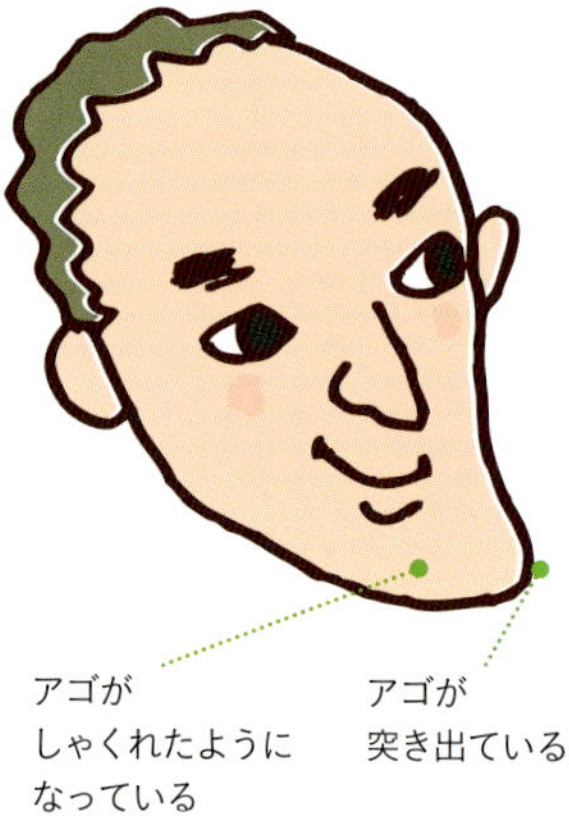
アゴがしゃくれたようになっている
アゴが突き出ている

CHECK!

◎長所

- 自信を持って行動する
- 自主性がある

△短所

- 感情にムラがある
- 攻撃的で敵を作りやすい

→正しい付き合い方

自己主張が強く意見が合わないときは絶対に譲りません。妥協案を用意して話し合いをしましょう。

二重アゴ

人望厚く温厚

余裕の安泰型

温厚で度量も大きく、周囲からの人望も厚いでしょう。財運が良く部下にも恵まれる相で、社長やオーナーに多く見られます。子孫にも恵まれ、住居運も良く、安泰の晩年を送ります。

アゴの肉付きが良い
アゴが
二重になっている

CHECK!

◎ 長所

・穏やかで包容力がある
・財運・住居運・部下運がある

△ 短所

・情から浮気になる
・おせっかいをする

→ 正しい付き合い方

面倒見が良いタイプですが、世話を焼き過ぎておせっかいになることも。やんわり断ることも必要です。

MINI COLUMN

運気を補うヒゲ

若い人もおしゃれの一環としてヒゲを生やす人が増えています。確かに、ヒゲによって顔の印象は大きく変ります。

観相の見地からも、頬《ほお》やアゴの相が弱い場合に、ヒゲを生やすことで運気を補うことができます。ヒゲは力強さと権力を象徴しているからです。黒いヒゲは勇気、褐色のヒゲは情熱、濃いヒゲは財運と行動力を補ってくれます。頭を使うほど白髪も混じります。ただし、無精ヒゲはかえって運気を下げることになりますので、手入れは怠らないようにしましょう。

TECHNIQUE 10

ケース別 理想の人相はコレ！

これまで人相の各パーツを見てきましたが、実際の顔は、これらが混じり合ったもの。そのため、すべてのパーツが素晴らしいという人はまれです。

若い読者には、知らない人もいるかもしれませんが、日本と中国との国交正常化など様々な功績を残しながら、最後は汚職トラブルで晩節を汚した政治家の田中角栄《たなかかくえい》は、学歴もなしで一代で叩き上げ、最後には総理大臣にまでのぼりつめていますから、見事な人相をしています。

しかし惜しむらくは、鼻が団子鼻だということです。団子鼻はお金にルーズな面があります。歴史に「もし」はありませんが、角栄の鼻が団子鼻でなければ、金銭トラブルに巻き込まれることはなかったかもしれません。

人生運の良い理想の人相

イチローの目が理想？

運も良く努力もできる人相

晩年まで運気を保てる人は、知力、体力、人格すべてを備えています。イチローの目は理想の切れ長ですが、年を重ねるごとにそうなってきました。

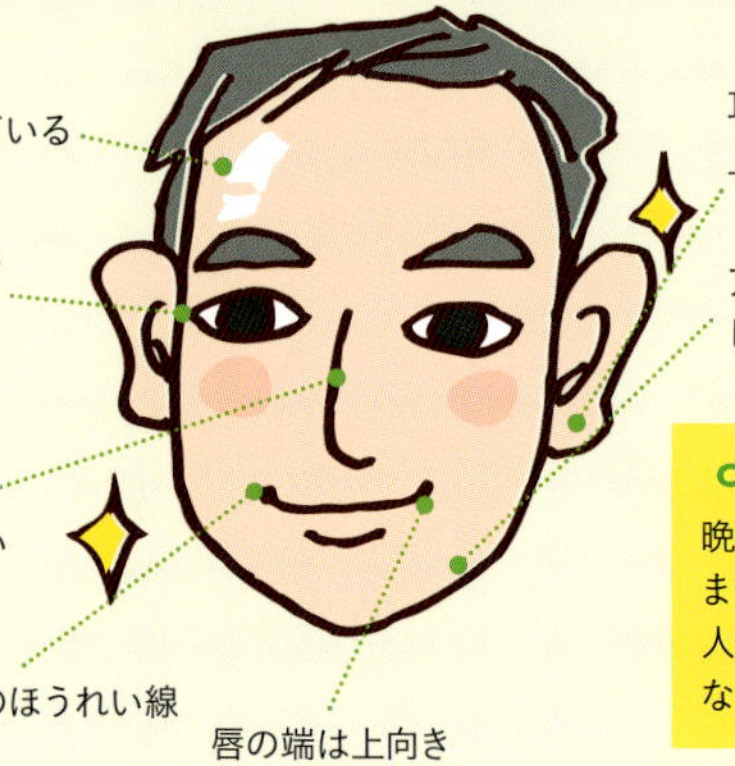

額がツヤツヤしている
目は細くない切れ長
鼻筋は通っていて、小鼻が大きい
年齢相応のほうれい線
唇の端は上向き
耳たぶが厚めで上を向いている
アゴがしっかりしている

ONE POINT

晩年運は、アゴに出ます。細いアゴは、人生後半に財産をなくす運命。

金運の良い理想の人生

イケメンでなくても

お金の寄って来る相

失礼ながら、有能な経営者がイケメンとはかぎりません。耳が垂れ下がるほど大きい人は、生まれつき財力に恵まれ、年齢相応に後退した頭も、ほうれい線も、整えたアゴヒゲも、金運を呼びます。

額から頭が
ツヤツヤしている
ほうれい線がある
耳たぶが大きく
場合によっては
垂れ下がっている
アゴが
しっかりしていて、
貧弱な場合は、
アゴヒゲを
蓄えている
唇は締まりが良い

ONE POINT
ほうれい線にしろ頭髪の後退にしろ自然にまかせるのが良い運を呼びます。

恋愛運の良い理想の人相

モデル顔じゃ開運しない？

愛される女はふっくら

時代は変わっても、女性としての幸せをつかむのは、モデルのような美人ではなく、下ぶくれで目が丸くて大きく、下唇のポッテリした女性。女の子たちの憧れとは、ちょっと違っています。

眉は三日月眉
目は少し丸めで
黒目がち
唇の口角が
上がって、
下唇は
ポッテリしている
丸い輪郭で
頬がふっくらしている
下ぶくれ顔
髪は女性らしく
長め

ONE POINT
男性の場合頬は適度に豊かが良いでしょう。豊かすぎは物質至上主義に。

COLUMN 1

運を左右する「歯」の話

歯を治療したことで「運勢が上がった」という話をよく耳にします。観相学でも、歯は生命力の象徴であり、歯が悪いと運気を落とすと言われています。

芸能人はデビューをする前に歯並びを治します。歯を治療して成績が上がったスポーツ選手も多いでしょう。観相の大家は、定期的に歯科医院に通い歯のメンテナンスを怠りません。なぜ、これほどまでに歯が大切なのでしょうか？

それは、歯はすべての臓器につながっていて、運気を左右するものだからです。歯が痛いとよく噛めないため、内臓にも影響します。痛さにイライラして集中力も落ちます。さらには噛み合わせが悪くなり、体に歪みが生じてしまうことも。つらい肩こりや腰痛の原因になっているのです。

正しく治療をすると運気も上がります。コンディションを整えるには、歯を治すところからスタートしてみてください。

POINT
- 歯はすべての臓器につながり、健康のカギを握っている
- 歯を治療することで、コンディションが整い運気も上がる

PART 2

会って
10秒!

しぐさで見分ける

いくら笑顔を振りまいて言葉を尽くしても、
わずかなクセですべてが
台無しになる場合が…。
あなたのそのクセ、大丈夫ですか?

鑑定をする際には、第一印象で気になったところから
注目して見分けましょう!

しぐさから何がわかるのか？

ちょっとしたしぐさから、あなたの心の内はバレてしまいます。どの動作が何を意味するか、おさえておきましょう。

どんなに言葉を尽くしても、一瞬の動作ですべてがダメになることがあります。

転職をしたばかりのＡさんは、新しく配属された営業で張り切っていました。持ち前のガッツと会話の巧みさで、相手会社に出向いてのプレゼンにまでこぎ着けます。ところが、Ａさんがプレゼンをはじめると、乗り気だったはずの社長は、たちまち不機嫌に。結局その商談は失敗に終わったのです。

後に、プレゼンでＡさんがアゴに手をやりながら話したことが、社長の機嫌を損ねたとわかりました。「手を顔に持っていく」行為は、嘘やごまかしがあることを示します。社長はその行為で、Ａさんの真意を疑ったのです。

このように、ささいな行動やクセで、努力が水泡に帰すことがあります。あらかじめ、人のしぐさから何が読み取れるのかを、きちんと知っておくことが必要です。

また、食べ方や歩き方からも、人の性格や気持ちが読み取れます。

一流大学を出て、一流企業に就職したBさんは、恋人のC子さんにふられてしまいました。原因はC子さんの心変わり。お相手は、冴えないフリーターのDさんで、Bさんの自信は打ち砕かれました。

心変わりの理由は、Bさんが思ってもみなかったところにあったのです。実はBさん、かなりの偏食で食事は残してばかり。ところがC子さんの好みは、出されたものは残さず平らげるDさんタイプ。ささいなこだわりに思えるかもしれませんが、食事を残さないということは、責任感が強く、がんばり屋だということ。C子さんはたぶん本能で、人を見極める基準を知っていたのでしょう。

PROFESSIONAL TECHNIQUE

プロの見方、教えます

相手のクセを判断するためにも、まず目を見てしっかり挨拶し、名刺交換や握手などもできるだけ行いましょう。観相学の知識がなくても、ビジネスマナーというのは良くできたもので、これら一連の動作を通して、表情のクセ、腕や手のクセ、座り方や行動のクセまで、順を追ってしっかりチェックできます。

TECHNIQUE

01

顔や表情のクセから相手を知る

初対面の人と会ったとき、最初に見るのが相手の顔です。そして相手がどんな感情を抱いているか読み取ろうとします。時には嘘の感情の演出もあるでしょう。しかし自分でも気づかない表情のクセは、その人の本質や本音をあぶり出してしまいます。

視線をそらす

誠意を計る重要なクセです。シャイな性格なのかもしれませんが、視線をそらすのは、やましいことがあり、嘘をついたり誤魔化している可能性を示しています。

ココに注意！

社会的信用が置けない人です。言っていることの裏をきちんと取りましょう。

すぐ真っ赤になる

世渡りは下手ですが、純情で約束をきちんと守る誠実なタイプです。要領が悪いので、社会的にはだいぶ遅咲きになります。嘘は上手につけず、ついてもすぐばれます。

ココに注意！

このタイプは信用して大丈夫。要領の悪さを上手にサポートしてあげましょう。

眼を瞬く、動かす

よく眼を瞬く人は、気難しそうに見えて、人間好きのさみしがり屋です。眼をよく動かす人は、人の動きをよく読んでいて、負けず嫌いなところがあります。

ココに注意！

イラストレーター、カメラマン、デザイナーに多い。その人の個性を活かした対応を。

鼻の穴をふくらます

喜怒哀楽が激しく、すべて表情に出るので、とてもわかりやすい人です。すぐに物ごとに熱中してのめりこみますが、お金と時間の使い方が下手。損をすることが多いでしょう。

ココに注意！ お金と時間の使い方がまずいのは、ビジネス上では大問題。フォローが必要です。

すぐ涙ぐむ

感受性が豊かで、一見付き合いやすそうですが、実は意外に負けず嫌い。冷静に相手や状況の批評をします。いわゆる「業界」によく見られるタイプです。

ココに注意！ 心を許しすぎて、相手のプライドを傷つけないように。仲間内には優しい。

鏡やカメラの前で変な顔をする

写真にいつも「変顔」で写るようなタイプは、甘えん坊でナルシスト。いつも周りから注目されたいと思っています。頼りない面もありますが、年上には人気。

ココに注意！ 余裕を持って、相手のおもしろさを受け入れ、笑ってあげればうまくいきます。

舌なめずりをする

クールで理性派。合理的かつ打算的なタイプ。その一方で、調子にのったときに魅力が発揮されるので、サービス業やイベントの運営などに向いています。

ココに注意！ 計算ができるからこそ、人間相手の仕事ができます。地味な仕事には向きません。

TECHNIQUE

02

手や腕のクセから相手を知る

手や腕を大きく使って話をする人は、自分のことばかり話す傾向があります。逆に硬直したような姿勢で話す人は消極的で、自己主張をするのは苦手です。このように、無意識のうちに出るサインをつかめば、会話や商談をあなたの有利に進められます。

指の形から性格を知る

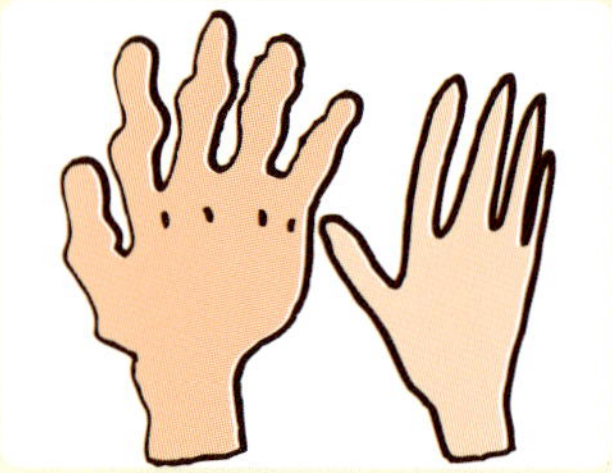

関節が太くてゴツゴツした指の人は、信念が強く、分析能力に優れます。スラリとした指の人は、情熱的で華やか。また、指の細い人は、頭のキレもシャープです。

ココに注意！

付け根が太いと自己中心的で、細いと相手を尊重します。それに応じた対応を。

手を握るときの親指の位置

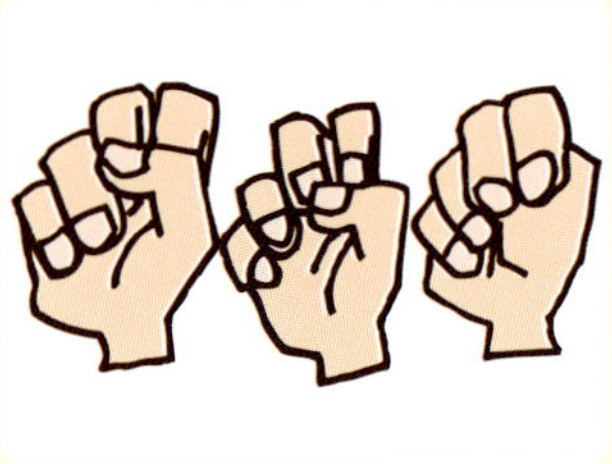

親指を内側に入れて手を握る人は、自己コントロールが上手で、外に出す人は、自立心が強い人です。中指に親指を当てて握る人は、好奇心にあふれています。

ココに注意！

内側に入れて握る人は同時に依存心が強く、中指に当てる人は飽きっぽい傾向も。

爪の形から性格を知る

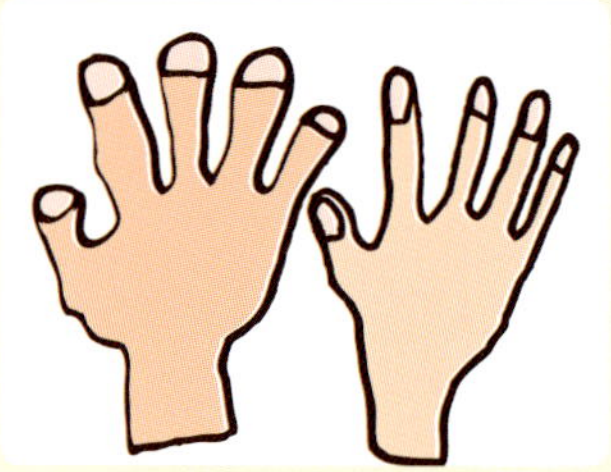

短い爪の人は、議論好きで批評も的確。爪の幅が広いと、激しい性格の傾向があり、幅が狭くて長い爪だと、おとなしい性格で物静かです。爪に入る縦線や横線にも注意しましょう。

ココに注意！

爪の縦線は健康不安のサイン。横線なら精神的ショックを受けた可能性も。

髪や服をしきりに触る

目の前の人やものに、不安や緊張を感じています。警戒心を抱いているのかも。このクセがあると、精神的に少し不安定に見えるので商談には向きません。

ココに注意！

与えているプレッシャーを取り除き、少しリラックスさせましょう。

手のひらを見せる

話をしている時に、無防備に手のひらを見せる人は、開放的な性格でとても正直です。しかし弱みも全部さらしてしまい、疑うこともなく相手にすぐ従います。

ココに注意！

駆け引きが苦手でだまされやすい面があるので、対応するあなたの良心が試されます。

手を顔、口、アゴに持っていく

嘘をついているかもしれません。この動作は、言動をごまかそうとするときの仕草です。重大な嘘がないかどうか、もう一度事実関係を確認しましょう。

ココに注意！

商談なら多少の誇張は必要ですが、嘘を繰り返すようなら、付き合いは考えもの。

拳骨を握る

両手を握りしめるのは、相手を警戒しているサイン。このクセがある人は、つねに緊張していて頑固で思い込みが激しく、何ごとにも命がけで取り組もうとします。

ココに注意！

うまく導いてやれば、際立った集中力で、素晴らしい仕事をします。

← 次ページへつづく

耳を触る

とても聞き分けがよく、長い説教も真摯に受け止めます。そのため上司のウケは抜群ですが、自己主張が足りないため、なかなか人の上には立てません。

ココに注意！ 上の言うことを聞きすぎるため、商談の相手としてはあまり良くありません。

鼻の下をなでる

鼻の下を指でなでるクセがある人は、考え方がロマンティックで直感が冴えている人です。まじめできちんとしていて、人の世話も良くするでしょう。

ココに注意！ 直観力や感性を活かし、得意な面を伸ばすようにアドバイスしましょう。

爪をかむ

神経質な面があり、せっかちなタイプです。その一方で、手先が器用で物ごとを完璧に成し遂げようとします。頭の回転も早く、創造性豊かなクリエイタータイプです。

ココに注意！ 世間一般の常識を押し付けず、独創性を重んじれば、将来自慢の知人になるかも。

鼻を触る

自分がしたいことを、何よりも一番に考える効率主義者です。その一方、理屈ばかり言って行動力に欠けるので、上司や同僚から反発を買うこともあります。

ココに注意！ プライドの高さに辟易しても、実は出世の可能性がある人。うまく付き合って。

腕を組む

腕組みをする人は、まじめで頑なタイプです。しかし自分の世界を持っていて、その中に閉じこもる傾向が。腕組みというのは、無意識のうちに否定するサインです。

ココに注意！

腕組みをされたら、好意を持たれていないのかも。アプローチ法を変えてみて。

指を鳴らす

指をパチンと鳴らす人は、何にでもすぐ感激し、白黒をつけたがるタイプです。粘り強いところがあり、技術者や音楽家に向いています。

ココに注意！

このタイプには、高い目標が必要。やりがいがあれば、いくらでもがんばれます。

目の前のものをどかす

今話している話題やものに、興味がある証拠です。会話にだいぶ乗ってきました。これを頻繁にする人は、何ごとにも興味があって調子が良いタイプです。

ココに注意！

相手を説得中なら、もう一息で成功です。どんどん押していきましょう。

指輪をしている男性

いつも着けている結婚指輪ではなく、自分の趣味やおしゃれのために指輪をしている人は、特に男性の場合、指先が器用で趣味が多いタイプでしょう。

ココに注意！

話題が豊富で退屈が嫌いなので、話すときは新しい情報やネタを用意。

TECHNIQUE 03

座り方から相手を知る

立っているときより、座っているときのほうが、より深層心理が表われやすいでしょう。向き合って座ると、人は無意識のうちに、パーソナルスペースを作りたがります。脚や腕の状態は、相手にどれくらい近づいていいのかを示すサインでもあるのです。

椅子に浅く座る

話を早く切り上げたいと思っています。いつも浅く座る人なら、人に対する警戒心が強くて神経質。逆に深く座る人は、自信があって信念を曲げない人です。

ココに注意！

浅く座る人には、話を手短に。深く座る人なら、相手の意見も尊重しましょう。

脚を広げて座る

両脚を広げて椅子に座る人は、コミュニケーション能力が高く、人とすぐ親しくなれます。逆に組んで座る人は、人に認めてほしい欲求が強く、負けず嫌いです。

ココに注意！

脚を広げる人の懐には飛び込んでOK。脚を組む人のプライドは傷つけないで。

膝に手を置いて座る

女性ならマナーのひとつですが、男性の場合、ロマンチックな考え方の人が多いでしょう。独創性に富むのですが、さみしがり屋。愛情に飢えるタイプです。

ココに注意！

夢も希望もない話は大嫌い。あまり他人行儀がすぎると、不安になるので注意。

脚を投げ出して座る

おいしいお店も知っている社交家で、仲間を大切にするタイプです。一緒にいると楽しくて飽きませんが、やや粘り強さに欠ける面があります。

ココに注意！ 飽きさせない工夫が必要。仲間と仕事をさせると、集中力を保てます。

座り方や姿勢を良く変える

落ち着きをだいぶなくしています。集中力にも欠けているようです。このクセがある人は、注意力が散漫で、人の話をあまり聞こうとしません。

ココに注意！ 「はいはい」と返事しても、本当に理解しているか、一度確認してみましょう。

貧乏ゆすりをする

少し神経質で、つねに先を読むタイプ。ビジネスの舞台で貧乏ゆすりはマナー違反ですが、スポーツや芸術の才能があるかもしれません。得意分野で実力発揮を。

ココに注意！ 神経は細いですが、見通しはシャープ。積極的に意見を聞いてみましょう。

脚を前に伸ばす

座った時、脚を前方に伸ばす人は、自分らしさを出したい人です。自分らしさを出すために、なるべくくつろいだ体勢をキープして、緊張をほぐしたいと思っています。

ココに注意！ 相手を枠にはめると拒絶反応を起こされます。こちらもリラックスして臨んで。

TECHNIQUE

04 食べ方から相手を知る

どんなに家庭のしつけが良くても、何かの折にポロリと食べ方のクセは出てしまうもの。ただ最近では、ダイエットや健康のために食べる順番を決めている人もいるので、単なるクセか、しつけの結果か、それとも意識的に決めた手順か、見極めは必要です。

好物を先に食べる

好きなものを先に食べる人は、責任感が強く、粘り強いタイプ。お金や時間を上手に使います。後から食べる人は、負けず嫌いで努力家。

ココに注意！ 好物が先の人は変化に強いですが、後の人は計画が狂うことを嫌うので注意。

料理はきれいに平らげる

出された料理を残さず食べる人は、責任をきちんと果たせるがんばり屋で、人の気持ちもよく考えます。その結果、物事を上手に処理することができ、周りから頼りにされます。

ココに注意！ たとえオーバーペースでもがんばってしまうので、渡す仕事は適量にしましょう。

食べ方が速い

食べるのが速い人は、テキパキと行動し、素早く判断ができる人ですが、少し負けず嫌いです。遅い人は、理想を高く持っていて、心の中で描いた自分の夢を大切にします。

ココに注意！ 食べる速さで、せっかちか理想主義者かは判断できます。それに応じた対応を。

テレビを観ながら食べる

さびしがり屋なので、ひとりぼっちで静かなところにいるのが苦手。手先が器用な人が多いでしょう。ただ食事に集中できず、つい食べ過ぎてしまう傾向も。

ココに注意！ 静かな環境が苦手なので、楽しい雰囲気を演出しましょう。大人数でもＯＫ。

食べものをこぼす

食べるとき、辺りにポロポロこぼす人は、お金や時間の使い方に無駄が多く、せっかくチャンスに恵まれても、それを活かせずに逃してしまう人です。

ココに注意！ 現実がよく見えないタイプなので、散らかった頭の中を、まとめて導く人が必要。

本を読みながら食べる

空想の世界を愛し、自分の世界に入り込む人です。しかしその一方で、奇抜な発想が得意なので、クリエイティブ関連の仕事に向いています。

ココに注意！ 食事中も自分の時間を大切にしたい人。邪魔をせず、話は後から聞きましょう。

音を立てて食べる

おそばや汁物ならともかく、本来音を立てて食べるのはマナー違反。それを気にしないくらい、大雑把で楽天的。にぎやかで周りを楽しくするでしょう。

ココに注意！ 気が散って集中できず、仕事もそっちのけになりがち。上手に仕事に引き戻して。

TECHNIQUE 05

その他の行動から相手を知る

オフィスで見るあの人と、休日外を歩いていた同じ人のイメージが、どうしても一致しなくて驚いた。そんなことが、一度くらいはありませんか？　いつもと違う行動で出たクセは、対人スキルの傾向や自己受容の高さを示します。

セカセカ歩く

誰よりも速く、セカセカと歩く人は、先回りして心配ばかりする性格です。すぐ悲観的になる面を逆手にとって、慎重にコツコツと努力を重ねれば成功します。

ココに注意！　心配性なので、早め早めに報告を。慎重で用意周到なのは、美点でもあります。

足音を立てて歩く

周りへ溶け込む力は強いのですが、なかなか決断できない気が弱いタイプです。逆に足音を立てないタイプは、自分を決してさらけ出さず心の内がなかなか読めない人です。

ココに注意！　すぐクヨクヨしますが、他人の気持ちも読み取れ、付き合いやすい人です。

靴を引きずって歩く

一見陽気に見えても、ひとりになると涙してしまうようなさみしがり屋。いつもにぎやかな人の輪の中にいたい人なので、人と触れることが多いサービス系業種が向いています。

ココに注意！　見かけの明るさに惑わされて、さみしがらせると、他に行ってしまうので注意。

ガラスや鏡に映る自分を見る

自分の姿を気にするのは、自己肯定力が高い人です。ナルシストのようですが、自分のことがよくわかっていて、目標をしっかり持って生活しています。

ココに注意!

自意識が強いということなので、自由業や実力主義の会社のほうが成功しやすい。

鉛筆をなめて書く

しっかりとした性格で、時間の管理も得意な秘書タイプ。能力が高くても出しゃばらず、自分のことより誰かのために働くほうが、幸せを感じるようです。

ココに注意!

あなたが上司なら、頼りになる片腕ですが、上に立つことに興味はありません。

お腹を抱えて笑い転げる

大げさで感情表現豊かに見えますが、案外緻《ち》密《みつ》な計算が働き、理性的な対応ができます。他人の心の機微を素早く読んで、それに応じた対応ができます。

ココに注意!

タレントや営業、接客業向けで、明るく笑いながら次の一手を考えます。

頭にくると黙り込む

一見怒っていなさそうで、実は心の底に怒りがたまっているかも。本来このタイプは、プライドが高いロマンチスト。完璧主義者でクリエイタータイプが多いでしょう。

ココに注意!

忍耐強さと臆病さは表裏一体。怒りをためて鬱《うっ》屈《くつ》しやすいので、時に気分転換を。

COLUMN
2

握手をかわすときに手のひらの情報や行動から相手を知る

初

対面の挨拶といえば、日本ではおじぎと名刺交換が一般的です。しかし最近では、欧米的に握手を求められることも増えてきました。

まず握手の前に、相手がどんな手なのかをパッと見ましょう。体に対して手が大きく、指が細くてスラリとしているなら、繊細で聡明な人です。その逆で、体に対して手が小さく、ゴツゴツとした手の人は、精神的にもたくましく、社交的で活発な性格です。

次に手の出し方です。手を広げて躊躇《ちゅうちょ》なく出す人は、さっぱりとした性格でのびのびとしています。指を曲げて出すなら、あまり気力はないですが、優しくてよく気がつく人でしょう。

いよいよ手を握って、手のひらの肉が厚めで柔らかければ、気力に満ちた人です。また、冷たいより、温かい手のほうが、社交的な性格。たとえにこやかな対応でも、手が冷たい人とは、ゆっくり親交を深めたほうが良さそうです。

POINT
- まずは手の大きさや形を観察。隠れた性格を見抜く
- 手の厚みや体温で、体力や社交性を判断

PART 3

会って
1分!

話し方で見分ける

自分の声が相手にどう聞こえているか、
なかなか本人にはわからないもの。
声や話し方を少し変えて、
人気者になりましょう。

鑑定をする際には、第一印象で気になったところから
注目して見分けましょう!

PART 3 INTRODUCTION

話し方で伝わる印象とは？

声の出し方や話し方の印象に気をつけたことがありますか？
トーンやテンポを少し変えるだけで、相手の対応が変わります。

人の性格や状況が、話し方からわかると言うと、「人間は中身だ」「そんな表面的なことでわかりっこない」という反論が必ず返ってきます。しかし現実にはどうでしょうか？「本当の自分」をわかってもらえるほど、深く、そして長く、付き合える人はまれです。ビジネスや毎日の生活シーンの中で、私たちはどうしても少ない情報の中から、相手を判断しなくてはなりません。

できれば一度、録音した自分の声を聞いてみましょう。思っていた声とは、だいぶ違うのではありませんか？　声や話し方は、自分ではつかみにくく、化粧や服装に気を配るほど良く把握していません。しかしだからこそ、意識的に工夫すれば、自分の長所を、相手に印象づけることができます。

私の知り合いの息子さんに、こんなことがありました。親御さんの転勤が多く、息子さんも転校を余儀なくされていたのですが、そのたびにいじめられたのだそうです。確かにその息子さんは、人見知りでおとなしく、自信がなさそうに話す子でした。ただ、一度打ち解ければ、結構おしゃべりだし、頭が良くておもしろい子なのです。

親御さんと相談して、息子さんは一《いち》念《ねん》発《ほっ》起《き》。次の転勤で初登校したとき、大きな声ではっきりとあいさつしました。すると今度は、不思議といじめられなかったそうです。それ以来、息子さんはすっかり明るくなり、今では元気に学校に通っています。

この男の子のように、少し勇気を出して工夫すれば、自分の人生を切り開くこともできます。声の出し方、話し方がどんな意味を持つか、一緒に見て行きましょう。

PROFESSIONAL TECHNIQUE

プロの見方、教えます

お客さんからかかってくる電話で、相手がやわらかさのない金切り声、かつ早口の場合は少し身構えます。そういった電話は、根拠のない苦情の場合が多いからです。声の質で性格がきついのはわかりますし、聞き取れないほど早口の人は、考える前に感情をぶつけているので、相手を平気で傷つけるようです。

TECHNIQUE

01

声の高さで人はどんな印象を受けるか？

話しはじめて最初に気になるのは、その人の声の高さ。見た目と違う声の高さに、驚くこともよくあります。それは人が、無意識のうちに声とその人の性格を結びつけている証拠。シーンによって声の高さをわずかに変えるだけで、印象が変わります。

男性で声が高い

高い声には、お人よしで正直すぎる印象があります。そのせいか、オペラの高音テナー役には、若くて思慮の足りない主人公がよく登場します。あまり信用はされません。

ココに注意！ キザな行動も様になりますが、頭が良いように見えず、だまされそうな雰囲気です。

男性らしく低めの声

男性的で低めの声は、頼もしく分別があるという印象を与えます。あまり低すぎないほどほどの高さだと、知性的で冷静かつ慎重な印象で、好感をもたれます。

ココに注意！ 頼りがいがあって理性的ですが、はしゃぎたいときこの声では盛り上がりません。

男性らしいが少し高めの声

女性的ではないけれども、よく通るクリアな少し高めの声は、前向きな印象で情熱を感じさせます。ムードを演出するのも上手で、相手の心をワクワクさせる声質です。

ココに注意！ 情熱的で魅力的な声ですが、冷静に見せたいときは逆効果になります。

声の低い女性

女性でもやはり声は、高いより低いほうが、頭脳明晰《ずのうめいせき》なイメージに見られます。恋愛でも現実的な対応で、上手に相手の心をつかむでしょう。おねだりも得意。

ココに注意！ 知性的な印象ですが、現実的でロマンがないと思われてしまうかも。

声の高い女性

理性より感情が勝るとみなされ、仕事では不利ですが、恋の相手としては人気があります。というのも、恋愛のことばかり考えていると思われがちだからです。

ココに注意！ 女性的な魅力があって異性の気をひきやすいですが、思慮が浅いと見られがち。

男性的な声の女性

声と同じく男性的な性格になります。声が低いだけなら、落ち着いた印象なのですが、少しドスのきいた男性的な低さになると、逆に異性からの誘惑を受けがちです。

ココに注意！ ボーイッシュで印象が深い点は長所ですが、ひとつの縁が続かないイメージ。

女性的な声の男性

高いだけではなく、声質自体が女性のようだと、声の持ち主自身も女性的な性格に見られます。その影響があるのか、何度も結婚に失敗する人が多いようです。

ココに注意！ 強い個性で存在感がありますが、腰が据わらない印象を同時に与えます。

TECHNIQUE 02

話し方のトーンで人はどんな印象を受けるか？

話すときの抑揚《よくよう》や声の質（トーン）は、人の気持ちに影響します。一本調子なら退屈に感じるし、キイキイと金属質だとすぐ疲れてしまいます。話の内容や見せたい自分の演出のため、トーンを調整してみると、上手に相手にアピールすることができます。

一定のリズムで話す人

それぞれの言葉や流れに抑揚はあるけれども、一定のリズムを保ち、声の高さも同じくらいの幅で統一されていると、不安定さを感じさせず、話に信憑性《しんぴょうせい》を感じさせます。

→ 向いている話の内容

確実に結果を残したいときや、長くおつきあいしたいときはこの調子で。

抑揚があり、歌うように話す

声の抑揚に変化があり、歌うように話すと、聞いていて気持ちはよいのですが、何を話したかさっぱり伝わりません。空想家でロマンチストだと判断されます。

→ 向いている話の内容

堅い話の内容には向きません。クリエイティブな印象を与えたいときに。

力がなく、言語不明瞭

力が入らない声で、語尾をはっきりさせずに話すと、内気で臆病な性格に思われます。重い責任は課せられなくて気楽ですが、逆に信用も得られません。

→ 向いている話の内容

自分は立場が弱く、何も知らなかったと言い訳し、責任を逃れたいとき。

語気も音色も不規則

声のリズムも高さも不規則だと、どうしても相手に不安定な印象を与えます。その結果、相手から信用や信頼を得にくく、軽率な態度をとると思われがちです。

→ 向いている話の内容

軽いノリで、すぐ忘れてもいいような話題に。楽しさの演出にはもってこい。

語気が一本調子

話すときの調子や勢いが一本調子だと、荒っぽい反面、力強い印象を与えます。しかしマイナスに評価されてしまうと、反抗的でわがままな性格と思われる可能性も。

→ 向いている話の内容

抗議をしたいとき。ただし敵対心が前面に出るので、和解の道は閉ざされます。

力強くためらいがない

語気が力強く、声がしっかりと響き、話し方にためらいがないと、勇敢で活発なイメージを与えます。男らしくて頼れるような印象を与え、周りからの信用も得られます。

→ 向いている話の内容

大きなプロジェクトなど、ビジネスの面では万能で、有能さをアピールできます。

語気が沈み、歯の奥から話す

全体的に沈んだ声の印象で、歯の奥から絞り出すような話し方は、慎重で疑り深い性格に見られます。そんなつもりはなくても、何か企んでいると思われる可能性も。

→ 向いている話の内容

裏がありそうに感じさせたいときに。楽しい仕事にはならないでしょう。

← 次ページへつづく

荒っぽい声や語調で喋る

ガラガラした声で、荒っぽく話す人は、その話し方の通りに雑で荒々しい印象です。気取らずに親しみやすいですが、度がすぎると怖くて下品と見なされます。

→向いている話の内容

人の悪口や愚痴《ぐち》を避け、気《き》っ風《ぷ》の良さをアピールすれば、親しみを持たれます。

話す声が高くて金属質

声が高いだけではなく、耳障りなキイキイした声で話す人は、子どもっぽく見られがちです。きちんと精神的に自立できず、自分をよくわかっていない印象です。

→向いている話の内容

コミカルに盛り上げたいとき。自分がよくわかっていれば楽しいキャラです。

ハスキーな声で話す

少ししゃがれたハスキーな声は、声質にうるおいがあれば、歌手にも多いことでわかるように個性的で魅力的。しかしかすれていれば、いかにも苦労をしたという印象に。

→向いている話の内容

忙しい時期にかすれた声で話すと、がんばって努力したイメージになります。

力強いがささやくように

声に力強さもしっかりした響きもあるのに、まるでささやくように話す人は、意外に活発で、楽しいことが大好き。何事にも快楽ばかりを求める傾向があります。

→向いている話の内容

誰にでもささやくと八方美人な印象に。親密になりたい人だけにしましょう。

声にしまりがない

声に張りがなく、捉えどころのないような話し方をする人は、どういう訳か生まれ故郷に縁がなく、落ち着きのない人生を送ります。せっかく得た財産を失いやすい傾向が。

→ 向いている話の内容

フニャフニャした話し方では、信用できません。相手を煙に巻きたいときに。

切れ目でもないのに途切れる

話の途中で、別に区切る所でもないのに息が切れる人は、息も絶え絶えな印象を与えます。実際、体調が悪かったり、どこか病気だったりするのでは？　まずは体調管理を。

→ 向いている話の内容

相手の同情を引くのでもなければ、あまり見せたくない姿。自信のないときに。

下腹部の丹田で声を出す

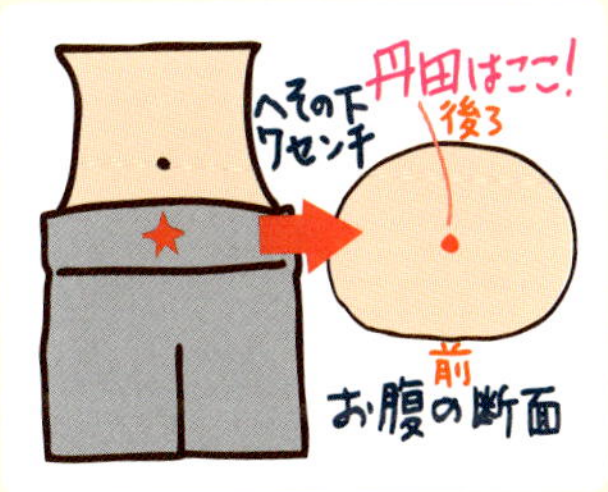

力強く、説得力がある話し方をするには、下腹部の体の真ん中にある「丹《たん》田《でん》」を意識して話すのが一番です。声が足元から地面に抜けるようなイメージを心がけて。

→ 向いている話の内容

丹田を意識すると声が心地良い強さを持ち、相手に好印象を与えます。

口先だけで話す

お腹や喉に力が入らず、舌の先だけで話すような人は、社会的な成功はほとんど望めません。話に説得力がなく、相手に真剣さがまるで伝わらないからです。

→ 向いている話の内容

信頼を得たい場合は、なるべく避けたい話し方。いい加減さを演出したいときに。

TECHNIQUE 03

しゃべり方で人はどんな印象を受けるか?

話をするときの口数や間の取り方、話題の選び方は、その人の性質を見事にあぶり出します。うわさ話やテレビの話ばかりか、それとも難しい哲学の話か。口数が多くても話の内容が薄い人もいれば、ほんの一言でも確かな存在感を残す人もいます。

早口でしゃべる

話すのが早口の人は、話す声が高い傾向もあり、落ち着かない印象を与えます。頭の回転は速いものの、その裏には不安や恐怖の気持ちが隠れているのではと思わせます。

ココに注意! 早口すぎると伝わりにくいものです。自信がなかったり、緊張しているとも捉えられがち。

口数が少ない

口数が少ないと自己主張ができないと思われがちです。特に恋愛では少し不利かもしれません。しかし発言の機会が少ない分、熟慮して言葉を選び、冷静な印象を与えます。

ココに注意! 無理に話す必要はありませんが、必要なときにはきちんと考えを伝えましょう。

ゆっくりとしゃべる

リーダーシップを発揮したり、相手を説得するのには向きませんが、ゆっくり話すことで穏やかな印象を相手に与え、その場の雰囲気を友好的にすることができます。

ココに注意! 失言もなくて良いのですが、ビジネスではややテンポを上げ、活発さもアピール。

咳ばらいをする

意識的に咳ばらいをすると、不満や敵意を向けていると思われます。喉の調子が悪かったり、気質的に咳が出やすい場合は、なるべくハンカチで口を覆いましょう。

ココに注意！
気が付かないうちにクセになっているかも。人を不快にさせる行為なので注意。

声を立てて笑う

アハハと笑う人は、人のために動くと魅力を発揮できます。ウフフは頼まれごとを断れず、エヘへは我慢強くて最後には勝ち、オホホはさわやかでまじめです。

ココに注意！
ウフフの人は計算高く、オホホの人は自分中心的な面もあるので注意。

自分ばかり話す

相手にわかってもらおうと、自分ばかりたくさんしゃべる人がいますが、これは逆効果です。優れた営業マンは、相手に質問をして相手にしゃべらせると言われます。

ココに注意！
相手の話の腰を折ったり、自分の手の内を明かしすぎないようにしましょう。

自慢話をする

自慢話をよくするのは、逆にコンプレックスが強い人です。現状に満足することができず、本当の自分はこうじゃないんだぞと周囲にアピールしたいようです。

ココに注意！
自慢をしても立場はよくなりません。気がつくと、周りに煙たがられているかも。

TECHNIQUE

04 口グセで人はどんな印象を受けるか？

つい出てしまう口グセは、その人が肯定的か否定的か、前向きか後ろ向きかなどを、瞬時に示します。気をつけて言わないようにしていても、とっさのときに口を衝《つ》き、しかも自分では気づかないから厄介《やっかい》。信頼できる人に注意してもらっても良いでしょう。

でも／しかし

ネガティブフレーズの代表選手。物事を否定的に捉え、他人の批評ばかりしている人だと思われます。相手の意見に反対でも、この言葉から切り出すのはNG。

ココに注意！ 連発すると相手が嫌な気分になります。なるべく避けて他の表現を探しましょう。

だから／やっぱり

「要するに」も同様で、話を勝手にまとめ、先入観を持って決めつける言葉の代表です。言われた相手は、強引に仕切られ、意見を押し付けられたと感じます。

ココに注意！ 「だから言っただろう」は特に嫌われるセリフ。本人もそれはわかっているのですから。

どうせ／しょせん

やる前から腰が引けている印象です。物ごとに対して消極的で、悪いほうに考えすぎる人だと見られがち。何にでも悪い先入観を持つ人は、あまり好かれません。

ココに注意！ 場の雰囲気を悪くしたいなら別ですが、仕事ではなるべく使うのを避けましょう。

「すみません」を連発

失敗の多い人は、あやまっているうちに、頭の中が真っ白になってしまいがち。心のこもらない形式だけの謝罪を連発。実はわがままで、プライドが高い人。

ココに注意! まちがいを認めることは大事でも、あやまり続けると仕事ができないイメージに。

ここだけの話

秘密の話を持ち出して、相手の信頼を得たい気持ちが透けて見えます。自分を見てほしい、注目してほしいという自己顕示欲《じこけんじよく》がビシバシ伝わり、相手は辟易《へきえき》します。

ココに注意! 秘密を相手に簡単に明かす人と思われ、重要なことは教えてもらえなくなります。

―すべき/―しなければ

曖昧《あいまい》なことを許さない、自分にも他人にも厳しいタイプ。責任感が強いのは良いのですが、相手に強いプレッシャーを与えます。「当然だ」「絶対」も同様です。

ココに注意! 断言は、不安な気持ちの裏返し。自分に言い聞かせることで、安心したいのです。

っていうか/はいはい

相手の話を実はよく聞いていない、調子ばかりが良いイメージ。頑固で自己主張が強く、何を言っても意見を曲げないと思われがちです。「はい」は一度で十分。

ココに注意! どちらも話した相手の言葉が、軽く扱われるイメージ。なるべく避けましょう。

TECHNIQUE

05

会話中の行動で人はどんな印象を受けるか？

誰かと話しているとき、話す内容と同時に、相手の行動が案外気になります。内容と行動が一致していれば、より強く相手を説得できますし、逆に内容と逆の態度が出るようなら、心の内がバレてしまいます。話すときには行動にも注意しましょう。

ポケットに手を入れる

本心を隠そうとする動きです。この動作が出ると、あなたの言動に、嘘やごまかしがあるのではと相手に勘ぐられます。特にビジネスの席上では厳禁。

ココに注意！

警戒心は手を隠させます。後ろ手に組んだり、袖の中に隠すのも同じ意味です。

手でリズムを取る

集中して何かを考えているときのしぐさです。「少し考えさせて」と言ってからなら、熟考しているのだなと思われます。しかし場合によっては、失礼になるので注意。

ココに注意！

心ここにあらずという印象。考え込むのは後で、会話中は会話に集中しましょう。

会話中に物をいじる

会話中ものをいじりはじめるのは、そろそろ話に飽きてきたサインです。今の会話に興味がないと思われます。話題を変えたいという気持ちが、手の動きに出てしまうのです。

ココに注意！

ついやってしまいがちですが、相手はかなり気にします。なるべく避けましょう。

頻繁にうなずく

うなずくのは、相手への理解や同意の意味ですが、何度も頻繁に行うと拒絶の意味が高まり、逆に「わかったからもうやめて」というニュアンスになります。

ココに注意！ うなずきは、ちゃんと話を聞いていますよのサイン。適切なタイミングで行いましょう。

急に視線を合わせ出す

それまでろくに視線を合わせていなかったのに、急に合わせはじめると、それはそろそろ自分に話させてほしいというサイン。相手に無言の了解を求めています。

ココに注意！ あまり頻繁にやるのは考えもの。譲ってもらったら会釈くらいしておきましょう。

大きな声であいさつする

大きな声ではっきり話すと、明朗で活発な人だと思われます。本当は自信がなくても、あえて大きな声で堂々と説明すると、周りの評価が変わってきます。

ココに注意！ ただし静かな場所では声を少しおさえて。今度は空気が読めないんだと思われます。

間があると必ずしゃべる

心配性の人は、話が途切れるのが怖く、少しでも間《ま》があると話しはじめますが、相手はそのあいだに、考えをまとめている可能性があります。少し待ってみましょう。

ココに注意！ 考えている間か、ヒントを欲しがっている間か、よく観察して見極めましょう。

COLUMN

3

座る位置を工夫して相手をリラックスさせ、恋人同士の愛も深める!

病院に行くと、多くの診察室では、先生がカルテを書きながら患者を迎えます。そして少しだけ体を斜めに患者のほうに向け、診察することが多いのではないでしょうか？ そんな不自然な体勢より、机をはさんで真っ直ぐ向き合ったほうが良さそうですが、それだと患者は緊張してしまうものです。

初めて会う相手との会話や、親しみを込めてコミュニケーションしたいとき、このように斜めに向い合うように座るのは重要なテクニックです。他のシチュエーションでも、互いの緊張を解いて話し合いたいなら、この位置に座ると良いでしょう。

また、恋人同士で話すときは、真横に並んで座るのがおすすめ。このほうが相手により近づけ、目を見据えないので変に照れることもなく、すぐ親密な雰囲気になれるからです。最近では飲食店にも、そんな「カップル席」がよく見られるようになりました。

POINT

- リラックスして話し合うなら、斜めに向き合って座る
- 恋人同士で親密になるなら、真横に並んで座る

PART 4

会って3分!

プラスαの判断方法

あの人の持ち物から意外な性格が判明!
筆跡や名刺で足りない運を補って、
今後の人生が手相で楽しくわかったら、
もう怖いものなし!

持ちものや筆跡、手相で相手を判断しよう！

その人が持っているものや手相から、相手の性格を判断することは簡単です。また、良い筆跡や印鑑を使うと、運の弱さをカバーすることができます。

　ＩＴ時代になっても、ビジネスにはまだ古くからの習慣が残っています。例えば名刺交換です。ある著名なビジネスパーソンは、仕事で必要な道具をひとつ選べと言われたら、名刺だと答えていました。

　また、こんな話があります。東大を出たある優秀な人材が、歴史ある企業からばかり門前払いを受けたのだとか。驚いた彼は、大学ＯＢのツテを辿って理由を探りました。学業優秀、人格や家柄に問題なし。判断力にも優れ、ぜひ欲しい人材だ。しかし提出された履歴書に印鑑がなく、字が乱暴だった。そのことのみが、選考にもれた理由だったとか。そういうことに無《む》頓着《とんちゃく》な彼は、実力主義のベンチャーに就職しましたが、歴史ある企業には最後まで縁がありませんでした。

　一部の企業は、今までの経験から、印鑑や筆跡で人柄を見るのでしょう。事の良し悪しはともかく、それがひとつの現実です。

また、筆跡鑑定や手相は、日本では占いの一環だと思われています。ところが、たとえば人の無意識が出る筆跡は、心理学でも重要視されています。

手相も大人の男性には縁がなさそうですが、最近ではそうでもありません。手相を学ぶビジネスパーソンが、増えているのだそうです。彼らはもちろん合コンでモテるために学んでいるのではありません（それもあるかもしれませんが）。

営業トークに手相が使えるから……という理由には、驚かされました。確かに手相や手の形を見ることで相手の性格や嗜好《しこう》がわかって、会話もはずむとしたら、営業マンとしては一石二鳥でしょう。

PROFESSIONAL TECHNIQUE

プロの見方、教えます

気にする人が多い「姓名判断」。たとえ悪いと言われても、名前を簡単に変えることはできないので頭の痛いところです。実は筆跡鑑定や印鑑の知識がある占い専門家は、姓名判断の結果に無頓着だとご存知でしたか？　それは良い筆跡や印鑑が、名前の運の悪さをカバーできると知っているからなのです。

TECHNIQUE 01

好きな色から判断する

人は自分が好きな色を、持ちたがります。トレンドや肌の色との兼ね合いもありますが、そのため、よく着ている服や持ち物の色から、その人の性格を判断できるのです。その逆で、あなたが相手に見られたい傾向の色を、身に着けるのも効果的です。

レッドが好きな人

情熱的ですが慎重な面もあり、頭の良い人です。前向きで行動的ですが目立ちたがり屋。赤を好むのは、目立ちたいという心理の表れでもあります。

●レッドファッションの効果
パッと目をひき、元気な印象を与えます。攻撃的な色なので言動は控えめに。

ホワイトが好きな人

責任感が強く、やや攻撃的な面のある人です。何色にでも染まれる柔軟性を持つ一方で、びっくりするほど強いエネルギーに満ちています。

●ホワイトファッションの効果
中立な立場で、多くの人に会うときに。カジュアルよりフォーマルな印象。

ピンクが好きな人

ピンクは中間色でやさしい色です。この色を好む人は、周りと争うことを嫌い、楽しいことが好きでしょう。キャラクター商品など子供にも人気。

●ピンクファッションの効果
女性らしさをアピールできますが、色を選ばないと幼い印象を与えます。

イエローが好きな人

人との間に壁を作らない陽気で朗らかな人です。ビタミンカラーと呼ばれる通り、相手の気持ちを解きほぐす反面、負けず嫌いな性格です。

●イエローファッションの効果
声をかけられやすい色。初対面の人とすぐ打ち解け、元気になりたい時に。

MINI COLUMN

気分で選ぶ色の意味

好みの色だけではなく、その日身に着けたいと思う色から、自分の気分や体調の良い悪いがわかります。

青や緑系統の色は、心身ともに疲れ、休息を求めているとき。赤やオレンジ系統なら、やる気に満ちています。黒系統を選ぶときは、周囲との間に壁を作っているとき。毎朝の洋服選びを通して、自分の状態をつかんでおきましょう。

オレンジが好きな人

円満でさわやかな性格で、子どもっぽくお人よしな面があります。陽気でエネルギーに満ちているため、成功者が好む色でもあります。

●オレンジファッションの効果
多くの人とフランクに話したいときに。目上の人と会うには向きません。

グリーンが好きな人

周りの人の面倒をよく見て、正義感あふれる自由人です。落ち着く色ですが冷たくはないので、バランスのとれた印象があります。

●グリーンファッションの効果
癒しの色です。教育や学業に縁のある色でもあるので、筆記用具などにも。

ブラウンが好きな人

穏やかで慎重な人です。まわりの興奮を無理なく抑える色でもあります。管理職の人や上司がこの色を好むなら、頼れる存在かも。

●ブラウンファッションの効果
責任ある立場で、成功させたいプロジェクトがある場合、効果的です。

ブルーが好きな人

芸術を愛する知性派で、誠実なところがあります。手先が器用という一面も。気持ちを落ち着け、冷静になれる色なので、感情を爆発させません。

●ブルーファッションの効果
相手に冷静なイメージを与え、好感を持たれるので、人に多く会う仕事に。

グレーが好きな人

まじめで何事も正確なイメージです。自己犠牲心が強く、周りと調和しますが、その反面独創性を出したり、自己主張をするのは苦手。

●グレーファッションの効果
個性を控え、相手を立てるシーンで有効です。鮮やかな色とも合わせやすい。

ブラックが好きな人

自信家でかけひきの上手な人です。個性派でファッショナブルな人にも愛される色で、上手に着こなすにはある程度のセンスが必要。

●ブラックファッションの効果
シックでありながら、強い印象を与える黒。神秘的な印象を漂わせます。

マルチカラーが好きな人

多色が混じったマルチカラーは、同じ傾向の色のマルチの場合、安定感のある人ですが、バラバラな色だと行き当たりばったりの人です。

●マルチカラーファッションの効果
センスが問われます。ポール・スミスやミッソーニなど美しいマルチは人気。

パープルが好きな人

理想が高くて優しいのですが、神経質な面もあります。感受性が強くて高い精神性を持ち、内面を見つめようとする傾向があります。

●パープルファッションの効果
高貴な色である反面、娼婦のイメージもあるので、部分的に使うのがベター。

TECHNIQUE

02

好きなアイテム から相手を知る

毎日身に着けたり、持ち歩いたりするアイテムで、なんとなく集めているものはありませんか？　実はこういうこだわりからも、人の性格や興味の方向性がわかります。自分が弱いと感じる資質を、アイテムやアイテムのカラーで補うのも良いでしょう。

帽子

帽子を集める人は、年上の人にかわいがられます。その結果、良い紹介や縁に恵まれ、理想の結婚ができるでしょう。帽子の型やつばのあるなしによって、意味合いが違います。

CHECK!

つばのある帽子は友だちのような恋、ニット帽はわがままを言える恋を求めます。

指輪

手元に意識が集中するためか、指輪が好きな人には手先の器用な人が多く、特に男性の場合、いろいろな趣味を持ち、タレント性が高い人が身に着けます。結婚指輪は含みません（p75 参照）。

CHECK!

太いリングは直観型、細いのは慎重、丸石リングは素直、角石リングは芸術家肌。

ネクタイ

仕事によって毎日身に着けるネクタイは、その人が好む色で、性質がわかります（p102 ～ 103 参照）。米国大統領選などでは、赤いネクタイを着けた候補者がズラリと並ぶことも。

CHECK!

目立つ赤、万能色の青、社交的な黄色など、場面に応じて選びましょう。

ベルト、靴下

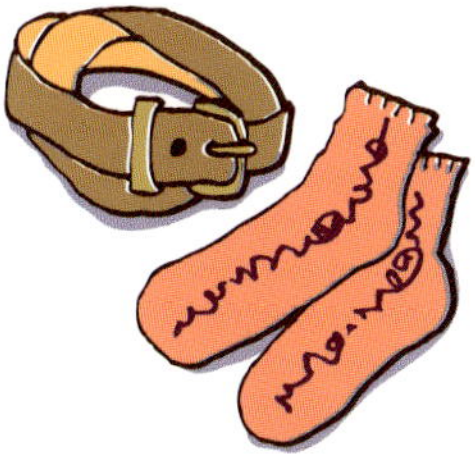

どちらも「遠いところ」に縁のあるアイテムです。ベルト好きの人は、変化を求めて新しい場所を求めます。旅をすることも好きでしょう。靴下を集める人は、親元を自立してから運が上がります。

CHECK!

ベルト好きの恋愛は変化が多く、靴下好きの恋愛は社会に出ると花開きます。

イヤリング・ピアス

欧米化された現在では、すっかりピアスが主流ですが、体に穴を開けると運気を曲げたり途絶えさせるため、ピアスはあまり良くありません。耳たぶを伸ばせるイヤリングの方がおすすめです。

CHECK!

イヤリングは魅力の象徴。ピアスをイヤリングに直せるパーツも売っています。

MINI COLUMN

携帯電話の番号で運の良し悪しを占おう

コミュニケーション運を司る携帯電話の番号は、できるだけ良い番号にしたいものです。現在は自分で選べる場合も多いですから、ぜひ次の数になるように計算してから決めて下さい。

番号の数字を全部足し、1ケタになるまで足し続けます。38なら3＋8=11、1＋1=2で数字は2。

[最も強い運の数] 1、6、8
[次に強い運の数] 3、9

今の電話番号でこの数字にならなければ、足りない分の数のシールを貼って運を補いましょう。

ブレスレット

男性にも着ける人が多いブレスレットは、行動力の高さや優れた判断力、自由な恋愛など、現代的な付き合い方を象徴します。また、これを着ける人は、束縛されることを嫌う傾向があります。

CHECK!

腕は目に付きやすいので、パワーストーンやチャリティーバンドにも向きます。

TECHNIQUE 03

履いている靴から相手を知る

衣服の中で靴は、特別な意味を持ちます。現在でも欧米のホテルでは、客の足元を見て相手の階級を判断するとか。服は制服やスーツと決まっていても、少し遊べるのが靴のおもしろいところ。その人の本来の嗜好《しこう》や隠れた欲望が垣間《かいま》見られます。

男性 オーソドックス型ひも付き

ビジネスに使えるタイプの革靴で、ひもの付いた靴を履く人は、色で黒を選ぶ場合、保守的で調和を重んじる人です。一方、茶色を選ぶ人の場合、新しいもの好きで革新的な側面があります。

CHECK!

保守的かどうかの違いはあっても、ひもの革靴を履く人は、常識を重んじます。

男性 白やブルーのスポーツシューズ

周りに影響されない自立した人です。その名の通り、スポーツに興味がある人も多いでしょう。会社の派閥争いや出世などにはあまり関心がなく、自由な活動を好みます。

CHECK!

同じ白でも革靴が好きな場合は、自己顕示欲が強く、人の上に立ちたがります。

男性 ブーツ型の靴

趣味やファッションに凝るタイプです。最先端の流行に敏感でしょう。職種によって認められない場合もあるからですが、ブーツを好む人は、服飾関係や自由業に多く見られます。

CHECK!

自分のセンスに自信があって凝り性。相手のファッションもチェック済みかも。

女性 ブーツ

ファッション性も高く、人気のブーツですが、女性の場合は意外と防衛反応の高さを意味します。脱ぎにくい靴は、冒険心の低いことを意味するからです。流行に敏感でも、ガードは固いでしょう。

CHECK!

流行のムートンブーツ。暖かいですが、防衛が強すぎて男性には不評だとか。

女性 ハイヒール

ヒールの高い靴を履く女性は、女性的でいようとする意識が強く、異性へのアピールも忘れません。そのため女性らしくてもおとなしくはなく、自分を磨こうとする態度はアグレッシブです。

CHECK!

男性から見初められるだけではなく、自分から積極的に行動しようとします。

女性 サンダル／ミュール

冒険心が強く、異性への関心も強いでしょう。また、ある程度自分をさらけ出すことになるので、自分の魅力やスタイルに自信があって自己顕示欲も強いということも意味します。

CHECK!

流行や他人に左右されやすい印象も。最先端の情報をよく知っています。

女性 スニーカー／スリップオン

脱ぎ履きしやすい靴は、冒険心が強いことを意味します。異性への興味も高いでしょう。スニーカー派はスポーティーな印象でも意外とムードを重んじ、スリップオン派はせっかちです。

CHECK!

カジュアルシーンにも多い赤いシューズの場合、恋人を独占したがります。

TECHNIQUE

04

運を呼び込む 名刺の扱い方

ビジネスツールの中で、自分を印象付けるためにも大切なのが名刺。写真を入れたり、会社の名刺に加えて自己紹介カードを作ったりと、できるビジネスマンはそのための出費を厭《いと》いません。それに加えて運気も呼び込めたなら最強です。

タテ型の名刺

タテ型の名刺は、信用や安定した状況を表します。弁護士や公認会計士、教育関係など、難関の資格試験をくぐり抜けた固い仕事に、不思議とこの形が見られます。

ココに注意！

タテ型にしたら、姓名も必ずタテ書きに。ヨコ書きにすると効果が半減します。

名刺の書体は明朝体に

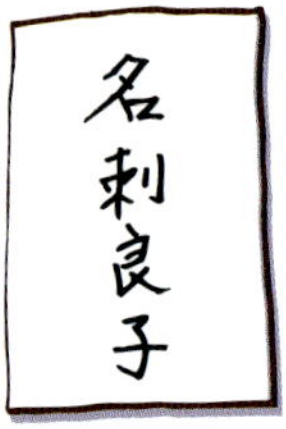

最近は、書体もたくさん出てきましたが、名刺の書体は明朝体が一番です。いにしえからある明朝のような書体は、ずっと続くパワーをも味方に付けるからです。

ココに注意！

明朝体は、中国・明時代からある書体のひとつです。徳川家康も家印に使いました。

ヨコ型の名刺

企画力や発想力が磨かれる形です。新しい感性が必要なベンチャー系やクリエイティブ職に向きます。個人での仕事はもちろん、会社発展にも向くスタイルです。

ココに注意！

紙を横に使ったら、やはり姓名も横書きに。曲がったり変形したデザインは凶相です。

文字の空白を埋める方法

名刺にはあまり空白がないほうがいいでしょう。目立って空いている部分があると、そこの運気が悪くなります。空いてしまった場合は、そこに下の要素を加えて。

ココに注意！ 空白に入れるのは、ロゴや写真、吉相の印鑑、ルーン文字、梵字など。

姓名の大きさ／位置

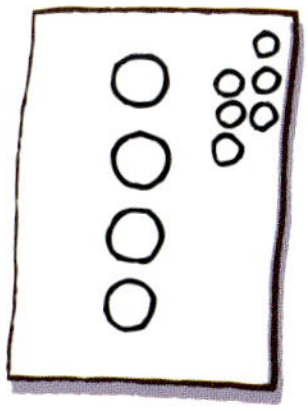

名刺の中心となる姓名は、名刺の真ん中に来るようにしましょう。住所や肩書きより姓名が小さかったり、同じ程度の大きさだと、消極的な印象を与えます。

ココに注意！ 名刺の裏側に経歴等を書く人がいますが、裏には何も書かないようにしましょう。

MINI COLUMN

名刺を方角で分け 悪い運気がどこかを占う

名刺の上を北にして方向付け、どこが空いているかで、どの運が悪いか把握しましょう。

- **北** → 芸術運、統率運
- **北東** → 女性関係
- **東** → 動きのある金銭運
- **東南** → 蓄財、資産運
- **南** → 人気運
- **南西** → 男性関係、研究運
- **西** → 技術関連運
- **北西** → 開発、攻撃関連運

名刺の色を選ぶ

名刺の紙や文字の色によって、相手に与える印象は変わります。赤は明るく元気、青は知的で誠実、緑は協調的、オレンジは親しみやすく、ピンクは優しくてソフトなど。

ココに注意！ 最も伝統的な黒は、立派で高級なイメージ。例えば名刺自体が黒で金字だと目立ちます。

TECHNIQUE 05

運を呼び込む 印鑑・財布の扱い方

サインもだいぶ増えましたが、正式な契約はまだ印鑑が主流。きちんと判を押すということは、先祖から受け継いだ名前や徳を大切にしているとみなされます。また財布も、案外見られているアイテム。金運を上げるのは、黄色だけではありません。

傷のある印鑑はNG

印鑑の印字に欠けがあれば、その部分に災いがあり、印鑑の胴体に傷や模様があると、身内、体や名誉に傷がつくと言われます。見つけたらすぐに取り換えましょう。

ココに注意!　印鑑は、持っている人の身代わりになると言われます。傷がついたら慎重に。

印鑑の輪郭と文字とのバランス

印面の輪郭と文字は、くっついていないと苦労ばかりすることになります。文字よりも輪郭の方が太いのもＮＧ。文字同士もできるだけくっつくような書体にしましょう。

ココに注意!　印鑑に使う文字は、古くからの恵みを得るように、歴史のある楷書や古印体で。

印鑑の大きさ

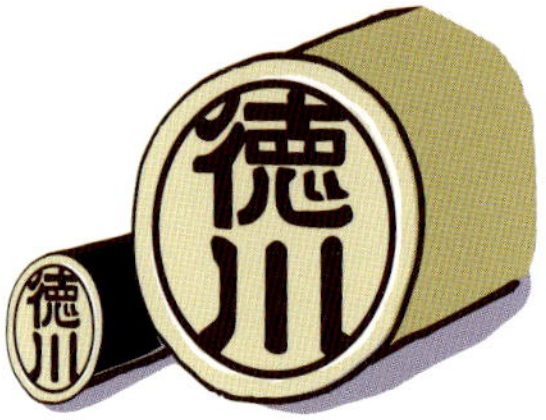

印鑑は、大きすぎれば「名前負け」しますし、小さすぎると卑屈でいびつな感情表現しかできなくなります。認印なら10㎜～11㎜を目安に使いやすいサイズを選びましょう。

ココに注意!　小さいうえに丸ではない楕円の「三文判」は、使わないほうが良いでしょう。

吉相の財布の色

お金に染まりやすい白は、財布の色として大吉です。黒も吸収しやすい色ですが、必要な分しか入ってきません。黄は他人の役に立ちたいとき、緑は学問的なことの収入限定です。

ココに注意！
ゴールドは、入っても派手に使ってしまいます。黄色はパステル系か茶系が無難。

財布の選び方

お金持ちは、長財布を使うと言われます。札を入れることが多いからという理由もありますが、曲げないで入れられるので、お札にとって居心地が良いのでしょう。

ココに注意！
財布は3年くらいで取り換えましょう。ちょうど金運の尽きる周期です。

凶相の財布の色

財布に向かないのは、赤やピンク、紫など、金を溶かし衝動買いを招く赤系の色です。また、色診断では良い色である青系も、お金が水に流れて貧乏になります。

ココに注意！
ブランドものの財布は無理せず、ちょっとがんばって買うくらいに留めましょう。

財布へのお札の入れ方

長財布の中のお札は、きちんと揃えて整理整頓。それに加え、お札の人物の顔が下向きになるように揃えて入れると、お金が出て行きにくくなると言われます。

ココに注意！
財布にはレシートを入れず、カードも必要な枚数のみに絞って後はカード入れに。

TECHNIQUE

06

書いた文字から相手を知る

パソコンの普及で、文字を書く機会はめっきり減りましたが、最近では「脳トレ」のひとつとして、文字を書くことが推奨されています。

文字を書くという行為は、実はとても複雑なもの。線を引く角度、力の込め方、曲げ方、ハネ方など、その組み合わせは無数にあり、どれひとつとして同じ文字はありません。自分の名前を書くだけでも、一瞬にして脳の様々な部分を使います。

そのため、無意識の心理が出るということで、古くから心理学の領域でも、筆跡による診断が行われています。初めて人と会う時に、手紙などで先に筆跡がわかっているとラッキーです。その人となりがあらかじめわかり、準備ができるからです。

また、より良い文字を書こうとすると、不思議と運も上がります。たとえ自分の名前の画数が悪くても、その悪運がカバーされてしまうのです。

文字の判断をするには、「大口門子様」という字を書くのが一番です。この名前には、筆跡診断のあらゆる要素が含まれているからです。

「大口門子様」で筆跡診断しよう!

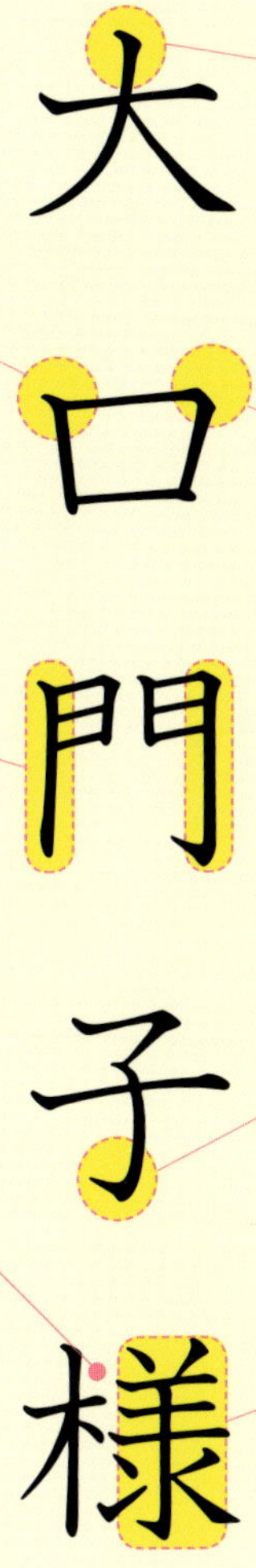

POINT 1

「大」の字で横棒を突き抜けた部分の長さがどれくらいか?

診断結果 ▶ p114

POINT 2

「口」の字で縦棒と横棒の始点が交わるか離れるか?

診断結果 ▶ p114

POINT 3

「口」の字で右上の角が丸いか角ばっているか?

診断結果 ▶ p114

POINT 4

門構えの両方の脚が「ハの字型」かどうか?

診断結果 ▶ p114

POINT 5

「子」のハネの大きさがどのくらいか?

診断結果 ▶ p115

POINT 6

「様」のヘン(偏)とツクリ(旁)の間が離れているか?

診断結果 ▶ p115

POINT 7

「様」のツクリが行書風に崩してあるかどうか?

診断結果 ▶ p115

POINT 8

文字全体の大きさが大きいか小さいか?

診断結果 ▶ p115

POINT 1

「大」の字で横棒を突き抜けた部分の長さがどれくらいか？

突き抜ける部分の長さで、積極性がわかります。長さが長いのなら、活発な性格で、人に競い負けることはないでしょう。短いと声も小さく、控えめなタイプです。

POINT 2

「口」の字で縦棒と横棒の始点が交わるか離れるか？

始点の部分で、生真面目さがわかります。くっついているとまじめな性格で、離れるとさばけた性格です。どちらにも美点があるので、なりたいほうを選びましょう。

POINT 3

「口」の字で右上の角が丸いか角ばっているか？

書いた人が相手に与える印象を見ます。角が丸ければ、柔らかい女性的な印象を与える人です。角ばっていれば、その逆で、固い男性的な印象を与えます。

POINT 4

門構えの両方の脚が「ハの字型」かどうか？

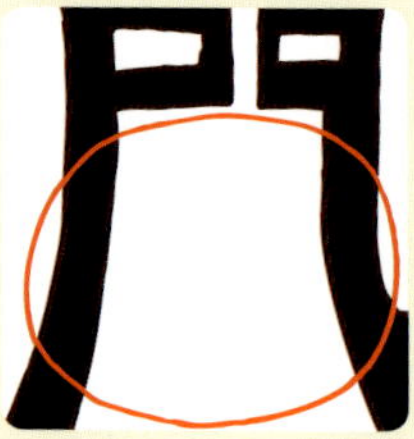

二本の脚がハの字型になっていると、安定感がある末広がりで、運が良くなるとされています。この型は弘法大師《こうぼうだいし》の書いた字で「弘法型《こうぼうがた》」と呼ばれます。

POINT 5

「子」のハネの大きさがどれくらいか?

粘り強さを判断します。ハネが大きいと、頑固なところがあり、ひとつのことにしっかり取り組める人です。小さいとムダが多く、移り気な面のある人です。

POINT 6

「様」のヘン(偏)とツクリ(旁)の間が離れているか?

ヘンとツクリの間隔は、心の広さを表します。この間隔が広ければ、心の開かれた周りの意見をよく聞く人。狭ければ、頑なで自分のやり方に固執する人です。

POINT 7

「様」のツクリが行書風に崩してあるかどうか?

文字が適度に行書体に崩してあるのは、品のあることを好み、風流で洒落っ気のある人です。崩し方が略字や自己流のくずし字だと、枠にはめられるのが嫌いな人でしょう。

POINT 8

文字全体の大きさが大きいか小さいか?

全体的に大きな字を書く人は、積極的で自己主張のできる人です。字の小さな人は、内向的な傾向があります。小さくて整っていれば、細かい注意が払える人です。

TECHNIQUE

07

10分でわかる 手相の見方

POINT

- 基本の四線をまず覚えよう
- 手のひらの丘もあわせて見よう
- 流年も覚えて運命の危機を回避しよう

手相は、その人の生き方、気持ちの持ち方によって、少しずつ変化します。悲しかったこと、楽しかったこと、体を壊したこと、歯を食いしばってがんばったこと、誰かを愛したこと、その全てが手のひらに痕跡《こんせき》として残されるのです。そしてこれから先の未来も示します。

ただ、どこをどう見ればわからないのも事実。そこで今回は、初心者でもあっと言う間に鑑定できるように、手相の基本線四本に重要な線を付け加えるスタイルで説明をしました。根本的な性質を示すか、努力で得られた運勢を示すかの違いはありますが、左手も右手も見方は同じです。

右手を見るか左手を見るか

手相は左手で見るのか右手で見るのか？　その答えは「両方」です。まずは、左手を見ましょう。こちらは、その人が生まれ持っている性質や過去を示します。基本的な性格、才能や運、これまで生きてきた人生が刻まれています。その次に、右手を見ます。こちらには、自分の意思でどうやって人生を切り開いてきたかが示されています。これから先の未来も右手から読みます。

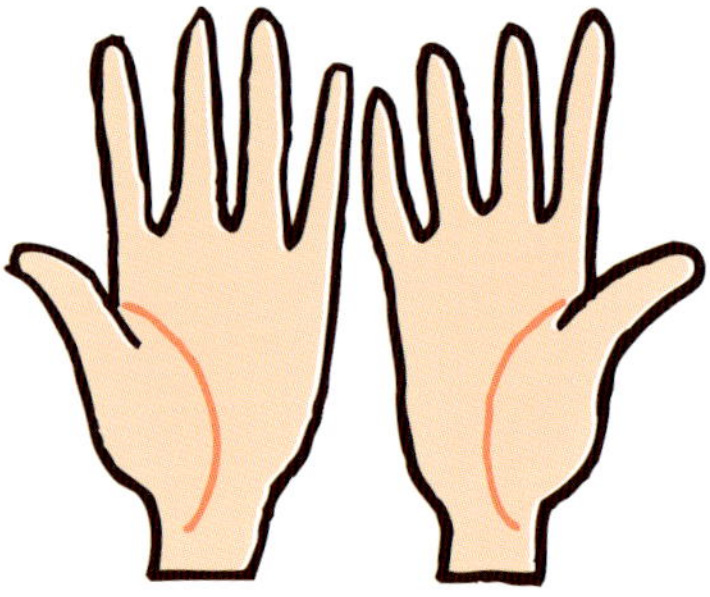

→ CHECKPOINT

- 手相は両手で見る
- 左手は先天的な運勢を示す
- 右手は後天的な運勢を示す

→ ここが知りたい!

両手の手相がかなり違う場合、右手が良いなら、努力した人です。悪いなら運を活かせていません。

手相の基本四線

手相には、絶対に覚えなくてはならない四つの線があります。

- **生命線**…一番重要な線。人生の節目で、何が起こるかがわかります。
- **運命線**…運命や環境が移り変わる時期が生命線と合わせてわかります。
- **知能線**…性格や知的活動の傾向、適職などがわかります。
- **感情線**…性格や感情の表し方、愛情の傾向などがわかります。

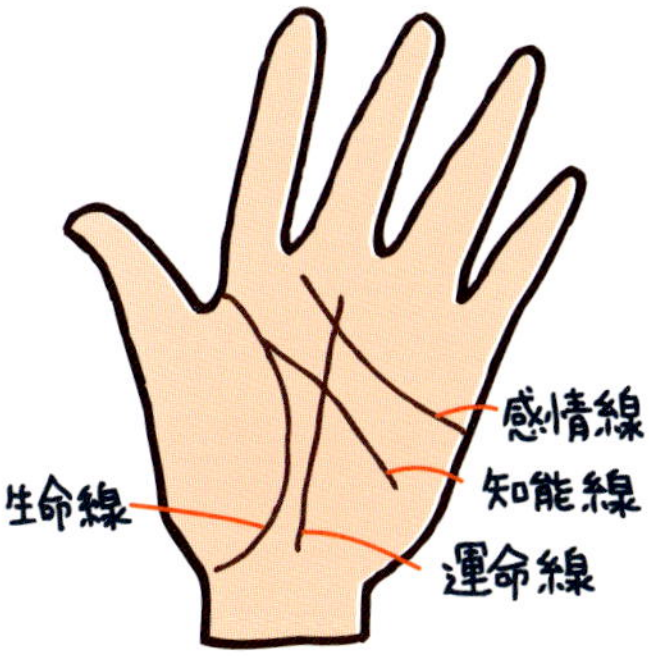

→ CHECKPOINT

・基本四線は必ず覚える
・恋愛は生命、運命、感情線で
・仕事は生命、運命、知能線で

→ ここが知りたい!

この基本四線がわからないまま、自分と似たような線を探しても、完全に同じ手相はないので見誤りがちです。

手のひらの丘の意味

手のひらを見ると、他より盛り上がった部分があり、ここを丘と呼びます。どの部分が発達しているかで、その人のタイプがわかります。

- **金星丘** … 愛情・芸術性
- **第一火星丘** … 闘争・勇気
- **木星丘** … 野心・指導力
- **土星丘** … 孤独・非社交性
- **太陽丘** … 社交性・芸術性
- **水星丘** … 商売・雄弁さ
- **第二火星丘** … 行動力・現実性
- **月丘** … 想像性・霊性

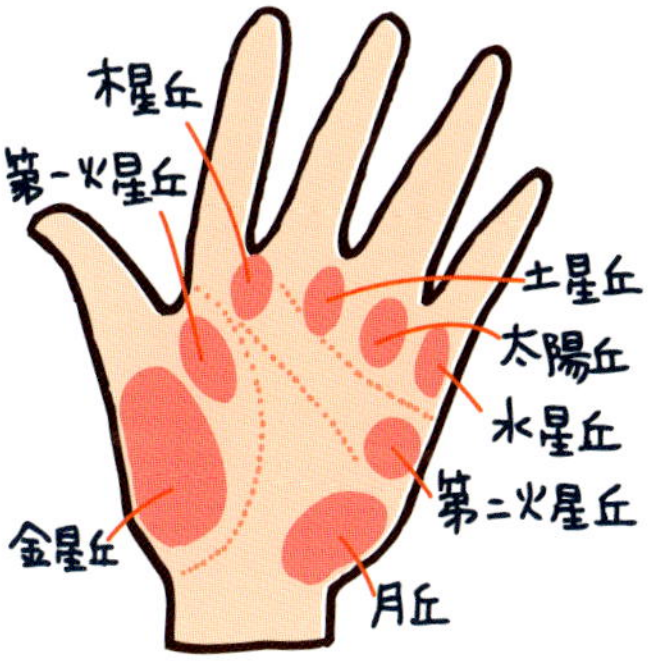

→ CHECKPOINT

・それぞれの丘に意味がある
・丘の発達で性格がわかる
・線がどの丘に入るかは重要

→ ここが知りたい!

丘の発達具合からも、相手の判断がかなりできます。慣れないうちは、線に加えて丘の様子もよく見ましょう。

TECHNIQUE
08

生命線から相手を知る

手のひらの親指付け根の上あたりから、手首のほうにゆるいカーブを描く線が「生命線」です。人生の節目である進学や就職、恋愛や結婚、出産などの時期や状況に加え、体のタフさや健康状態、寿命、愛情の推移まで、最も多くの情報が読み取れます。

体力のある、なし

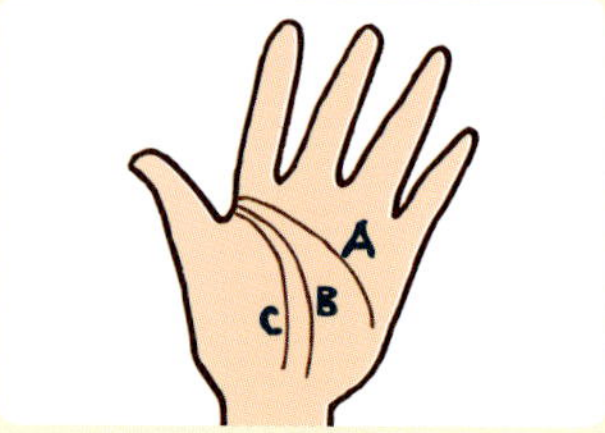

生命線の濃さ、張り出し方によって、その人の体力レベルがわかります。まず、線が太くて濃い人は体力があり、逆に細くて薄い人は、体が弱くて風邪をひきがちです。

- Ⓐ 線が外に張り出した人は、タフで気力に満ち溢れています。
- Ⓑ 並の張り出しなら体力も普通。
- Ⓒ 張り出しが小さいと、虚弱であまり無理がききません。

生命線の切れ目

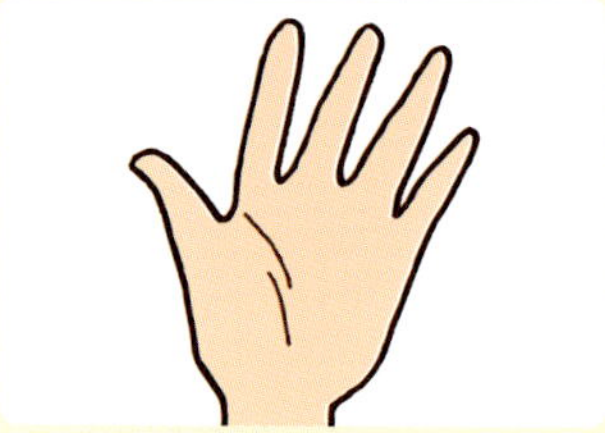

生命線が途中で切れている場合、途切れてまたはじまる線が、元の線の内側と外側のどちらからはじまるのかで、全く意味が違います。

- **内側からはじまる場合**…病気や怪我が心配です。その時期は健康に留意して。イラストは内側から。
- **外側からはじまる場合**…重なっている部分で運が強化され、人一倍タフです。

生命線の流年

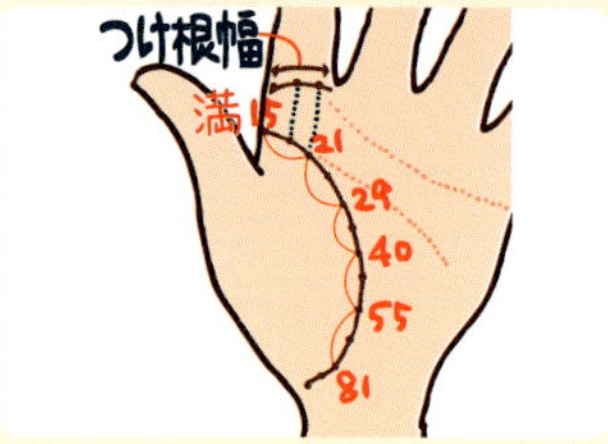

生命線は始点から年齢ごとに切っていくことで、いつ何が起こり、どんな変化があるかわかります。これが「流《りゅう》年《ねん》」です。

- 始点は親指の付け根側。
- 人差し指の付け根幅の半分の位置が 18 歳。付け根幅が 21 歳。
- 付け根幅を基準として、29 歳、40 歳、55 歳、81 歳と切っていく。年を取ると少し幅が狭くなる。

生命線と影響線

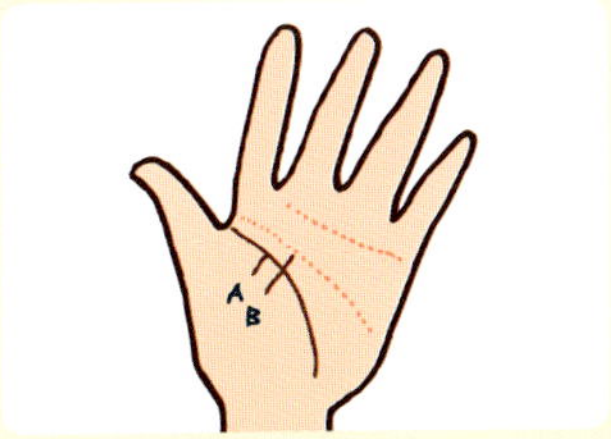

生命線と合わせて見たいのが「影響線」です。生命線の内側に入る３ミリ以内の薄い線で、左手にあれば「相手から自分への愛情」、右手にあれば「自分から相手への愛情」を示します。

Ⓐ影響線が生命線で止まっている
…流れ込んだ位置の年齢で結婚かもしれません。

Ⓑ影響線が生命線を突き抜けている
…残念ながら結婚に至りません。

生命線の障害線・島

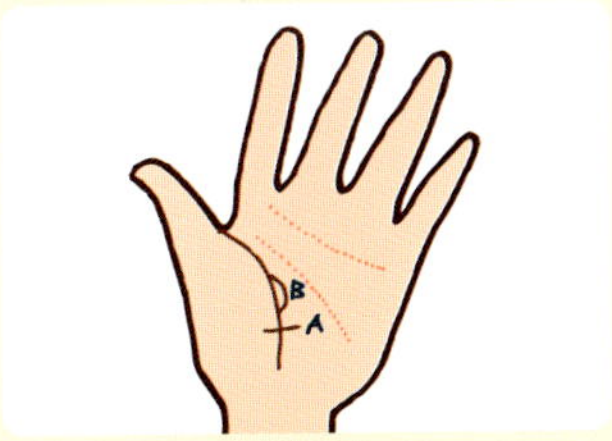

Ⓐ障害線…生命線を切るように横切る線。薄い場合もあります。横切った流年の年に、仕事や家庭、恋愛、健康上に問題が生じます。ただし感情線から伸びて生命線を横切る線は、恋愛した時期を示すこともあり、見極めが必要です。

Ⓑ島…生命線上の「島」は、その時期に体調不良やスランプなどで人生の周り道をすることを示します。

生命線と開運線・向上線

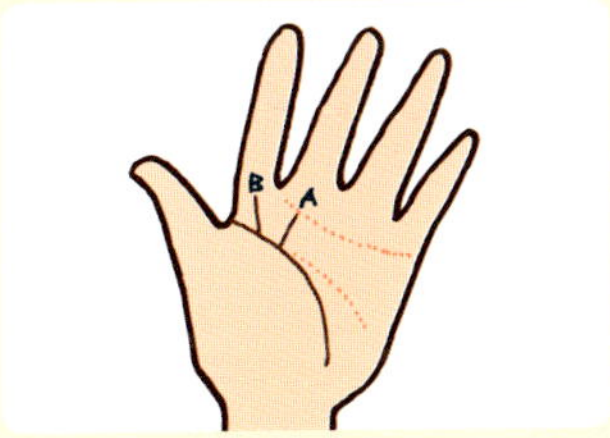

生命線から上に伸びる線。頑張って状況が好転すれば出ます。薄い場合も。

Ⓐ開運線…生命線から、人差し指以外の指方向に伸びる線が「開運線」。生命線と交わる位置の年齢で、努力が実って運が開けます。

Ⓑ向上線…同じく生命線から上に伸びる線で、人差し指に向かうのが「向上線」です。その年齢から、目標に向かって頑張れます。

丈夫な二重生命線

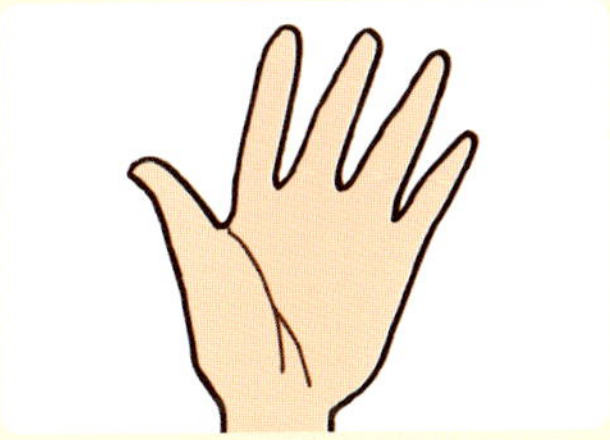

線の根元は一本で、途中から枝分かれをしている人はタフです。体だけではなく、意思も強いところを評価され、とても忙しい人生になるでしょう。そのため逆に、体力を過信して無茶をしがちな傾向があります。また、朝から晩まで働きづめの人は、運勢が見かねてサポートしようとするのか、後天的にこの相が出る場合があります。

TECHNIQUE

09

運命線から相手を知る

人生には必ず、良いときと悪いときがあります。自分の人生は、どう変化するのか。それを読み解けるのが、中指の付け根に上る運命線です。生命線と合わせれば、その人のほとんどがわかります。また、運命線は努力により変化します。

運命線五種

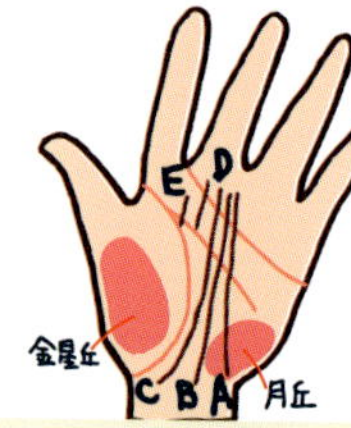

Ⓐ月丘から上る運命線は、他人の援助で運が開けます。

Ⓑ手首から上る運命線は、自力で運を開きます。

Ⓒ金星丘から上る運命線は、身内の援助で運が開けます。

Ⓓ知能線が始点の運命線は、才能や学問を活かして運を開きます。

Ⓔ生命線が始点になる運命線は、その時期努力が実ります（開運線）。

運命線の薄い／濃い

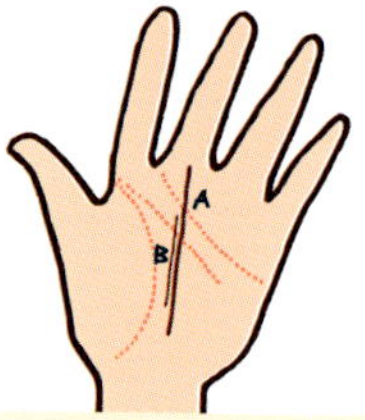

Ⓐ**運命線が濃くて太い人**…自我が強く、バリバリ働く人です。男性なら成功しますが、女性の場合、仕事は良いとして結婚には注意が必要。尊敬できる相手を選び、夫を立てる努力を忘れずに。

Ⓑ**細くて薄い人**…主体性に欠けますが、人の気持ちに寄り添うことができます。主婦や陰で支える仕事が向くでしょう。

運命線の流年

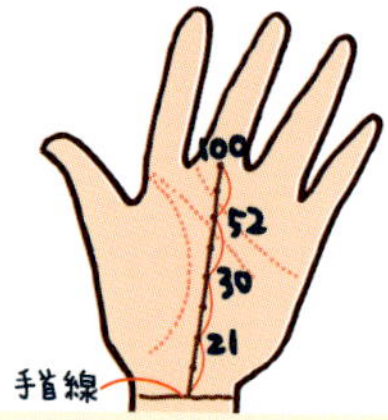

運命線の長短に関係なく、まず手のひらの下、手首にある一番上の線（手首線）から中指の下までの長さを基準として、その半分の位置が 30 歳です。半分の位置から手首線までの半分が 21 歳、中指付け根までの半分が 52 歳です。

運命線が途中で切れたり極端に薄くなる場合、大きな環境の変化がありそうです。あらかじめ心の準備を。

運命線の障害線／島

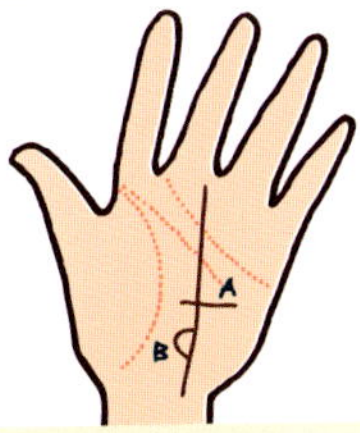

Ⓐ障害線…運命線を横切る線があれば、その年に何か問題が生じます。流年を使って時期を特定し、いつ起こるかを知って対策を講じたり準備をしておきたいものです。

Ⓑ島…運命線上に島があるのは、やはりその年の運気の停滞を示します。こういう時期は、あくまでも修行期間として、勉強や下積みに勤めましょう。

運命線と人生の変化

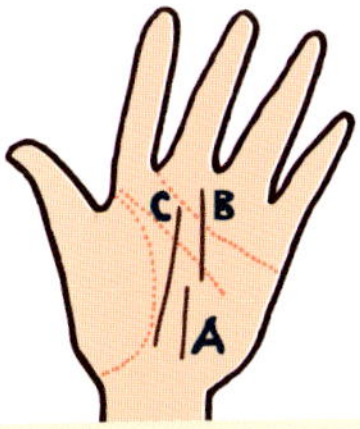

人生には紆《う》余《よ》曲《きょく》折《せつ》が付きものです。そのため、運命線は一本とはかぎりません。伸びていた運命線Ⓐが、一度切れてⒷに続くと、何か大きな変化があり、運命の向かう方向が変わることを意味します。

また、最初からあった線の横に、Ⓒのように別の線ができた場合、メインの人生の他に、もうひとつ別の仕事や生き方をすることになります。

運命線と影響線

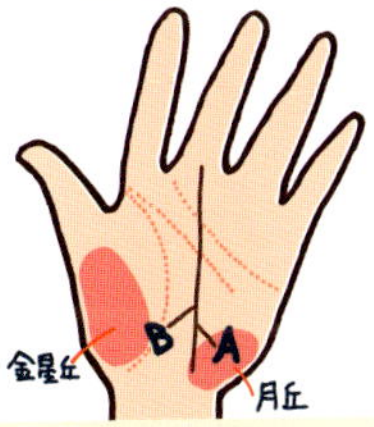

運命線上で止まる影響線は、生命線同様に、結婚の時期を示します。しかし運命線の場合、ビジネス上のパートナーなど、結婚相手以外との素晴らしい出会いを意味することも。

Ⓐ月丘側からの運命線は、自力で探した相手との恋愛結婚を示します。

Ⓑ金星丘側から上がる運命線は、お見合いや親・親戚など身内から紹介された相手との結婚を示します。

運命線の空白／蛇行

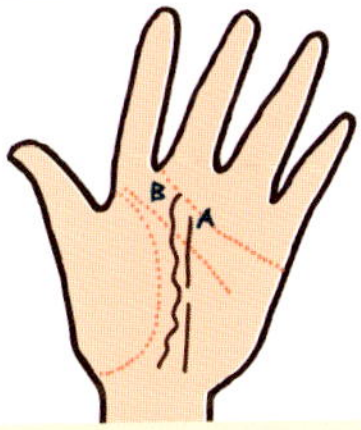

Ⓐ運命線の空白…人生に空白が生じます。リストラにあって就職できないなど、生活も困窮するでしょう。あらかじめ覚悟をして準備すると、この空白もつながります。

Ⓑ運命線の蛇行…苦労を背負込んだり、回り道を余儀なくされたり、人生に振り回されます。自分の責任ばかりではないので、何か対策を打ちましょう。

TECHNIQUE
10

知能線から相手を知る

知能線は、その名の通り、手相の持ち主の知的傾向を示す線です。手のひらを横に走る線は、通常二本ありますが、下の中央のほうが知能線です。この線から読み取れるのは、その人の考え方や知的能力、それに伴う性格や才能、適職などです。

外向的か内向的か

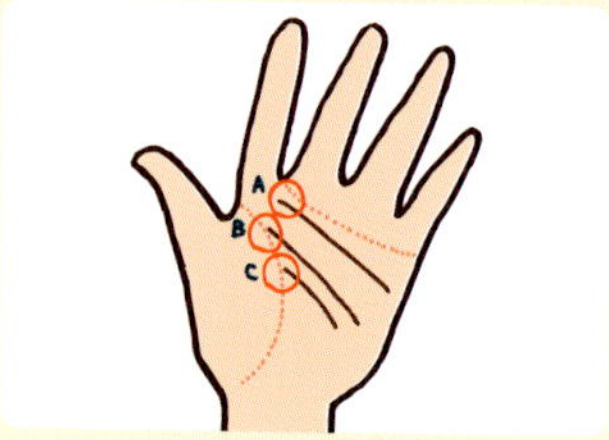

知能線の始点は親指側です。

Ⓐ知能線が生命線から離れてはじまっている人は、大胆で度胸があります。海外など未知の世界にも飛び込めます。

Ⓑ知能線の起点が、生命線のはじめの方にある人は、ちょうど良いバランスの性格です。

Ⓒ知能線が生命線の途中からはじまる人は、慎重で神経質です。

現実派か空想派か

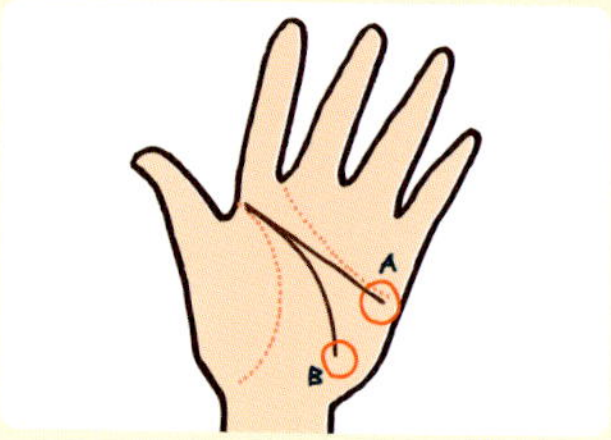

Ⓐ知能線が横に走る人は、現実感覚の優れた人です。余計な感情をはさまず、仕事をどんどん片づけられます。資産運用なども得意かもしれません。

Ⓑ知能線がゆるいカーブを描き、月丘の方に下がる人は、空想癖があって精神性の高いものに惹かれます。本や芸術、映画鑑賞にふけって現実逃避しがち。

熟考型か直感型か

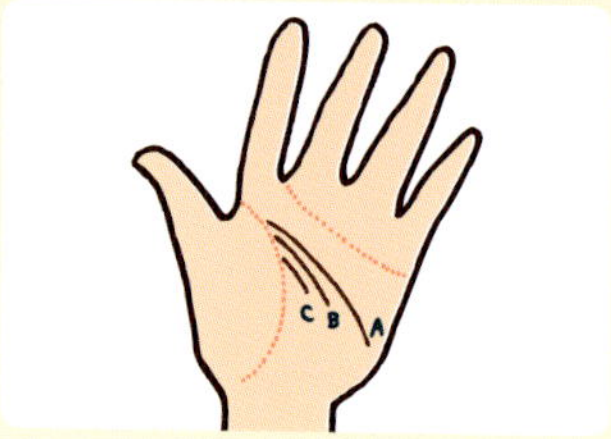

知能線の長さには特性があります。

Ⓐ知能線が長い人は、慎重でじっくり考えるタイプです。ただ考えすぎて悩んでしまいがちです。

Ⓑ標準的な長さ（薬指の下くらいまでの長さ）の知能線だと、バランスが取れた知的能力です。

Ⓒ知能線が短い人は、物ごとをテキパキ処理でき、行動力があります。ヒラメキで即断即決。

個性の強いマスカケ線

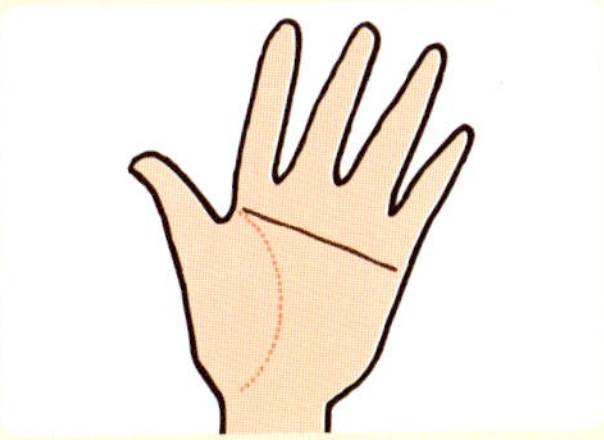

知能線と感情線が一本に合流したように見える「マスカケ線」は、非常に珍しい線なのですが、徳川家康など大物にこの相が見られます。
マスカケの人は、何か目標が決まるとのめり込むタイプです。しかし、うまく行かないと、実力を発揮できずにただの変人で終わってしまいます。早くやりたいことを見つけ、伸ばすことが大切です。

多芸多才な二重知能線

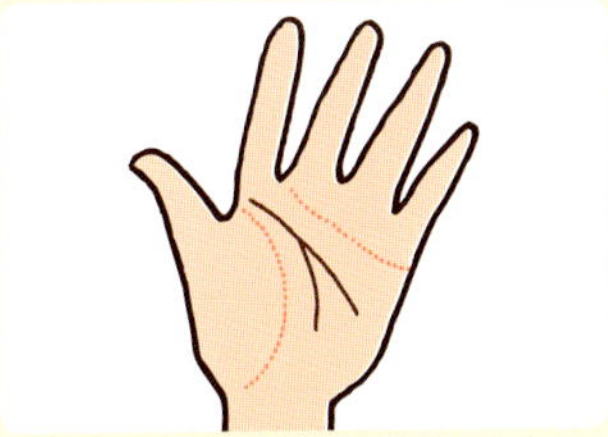

知能線の先が枝分かれして、二本になっている二重知能線の持ち主は、ふたつの能力を併せ持つことになります。本業の他に副業を持ったり、マルチな才能を発揮したり。
それぞれの線がどの丘に向かっているかで、自分の進むべき方向性を判断しましょう。
また、二本の線が離れたタイプの二重知能線も、同じ意味を持ちます。

MINI COLUMN

人気が出るかどうかを計る太陽線

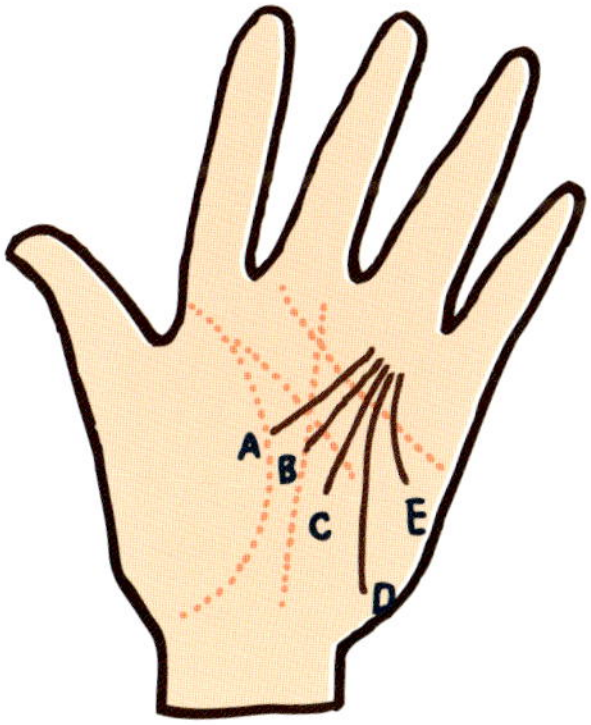

薬指下の太陽丘へ向かって走る線を、太陽線といいます。この線は、名声や金運、人気などを表す線です。

- Ⓐ生命線から上る太陽線は、努力と才覚で成功。
- Ⓑ運命線から上る線は、その流年のときに結婚など素晴らしいことが起こる。
- Ⓒ手のひら中央から上る線は人一倍の努力の末に成功。
- Ⓓ月丘から上る線は人に愛されて成功。人気商売向け。
- Ⓔ小指側から上る線は誠実さを買われ成功。技術職向け。

TECHNIQUE

11

感情線から相手を知る

感情線は、知能線の上にある横に走る線です。その人の感情表現の仕方や、人の愛し方、恋愛傾向、感受性の強さなどがわかります。人間性を計る線とも言えるでしょう。小指側から始まり、どの指の下ぐらいまで伸びるかで、長さを測ります。

情熱型か冷静型か

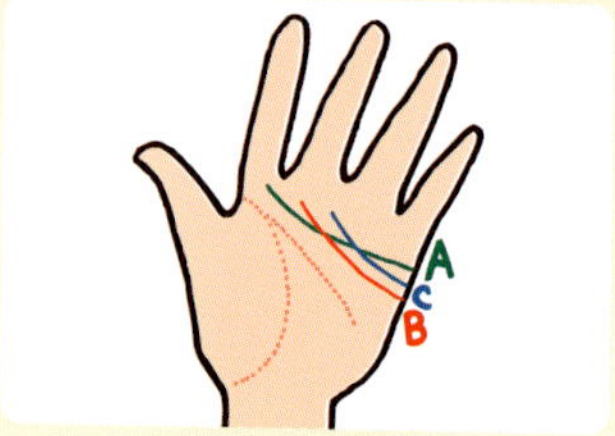

Ⓐ人差し指の真ん中を過ぎる長い感情線の持ち主は、情熱的です。

Ⓑ中指に届くか届かないかくらいの感情線は、標準タイプです。

Ⓒ感情線が短い人は、感情を抑えて、冷静な対応ができる人です。また、感情線の先が、急に上を向けば激情型。まっすぐゆるやかなカーブならおだやかでしょう。

障害を乗り越える二重感情線

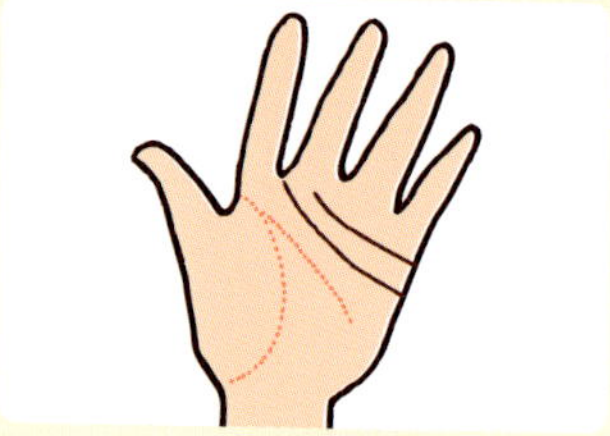

感情線が二本ある人は、強い意思と明るい性格で、どんな逆境も乗り越えられる人です。目の前の障害が大きいほど、実力が発揮されます。
大変な苦労や悲しみを乗り越えた後、この相が出る人もいます。
また、二重感情線の人はもてますが、線が二重ということは、恋愛や結婚運も重なる可能性があります。浮気や離婚には、くれぐれも注意。

愛情豊かな感情線

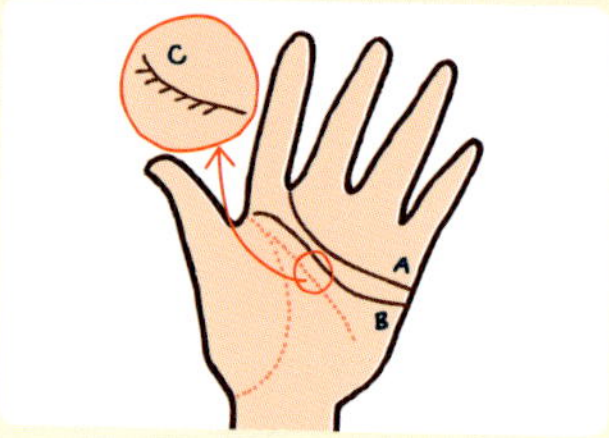

Ⓐ人差し指と中指の付け根に感情線が入る人は、相手に尽くす相です。理性も兼ね備えます。

Ⓑ感情線の先が下を向いている人は、誰かを愛する歓びを知り、人にやさしくなった人です。

Ⓒ感情線に下向きの支線が多い人は、社交的ですぐ人と親しくなれる人です。ただ浮気っぽいので注意して下さい。

その他の重要な線

健康線

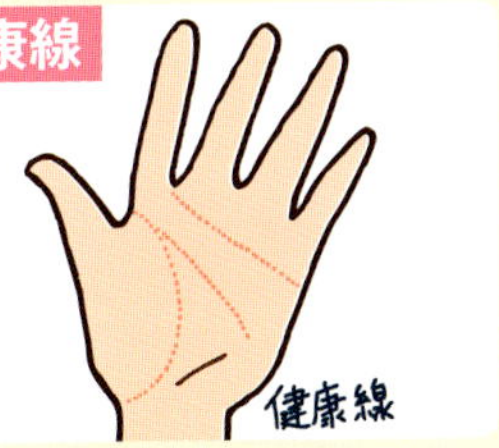

手のひらを斜めに走る線で、現在か将来、病気をすることを示します。この線が出たら、生活を改め、定期検診を受けましょう。

もし健康線が生命線を横切っていたら、その流年の年で体を壊す可能性があります。気づいたらすぐ、生活習慣の見直しや運動を心がけて。

胃炎や寝不足、暴飲暴食、慢性的な胃炎程度なら良いのですが…。

結婚線

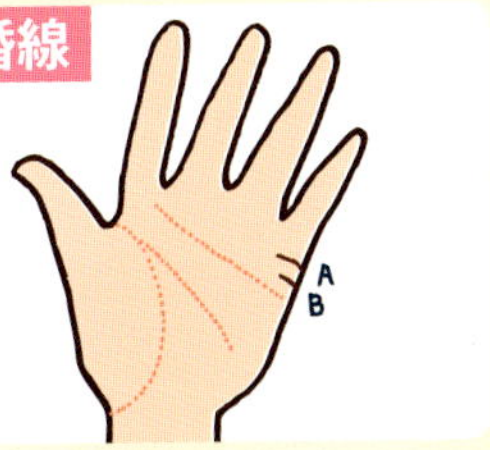

結婚線は小指の下に横に入る線で、恋愛や結婚に関することがわかります。感情線に近いほうが早婚で、AよりBのほうが結婚は早いでしょう。

線は先端が上向きになっているのが良く、結婚が近づくとはっきり色づきます。本数が結婚の回数という訳ではなく、大体は本気になった恋の回数ですが、二本はっきり入る場合のみは、二度の結婚を意味します。

神秘十字

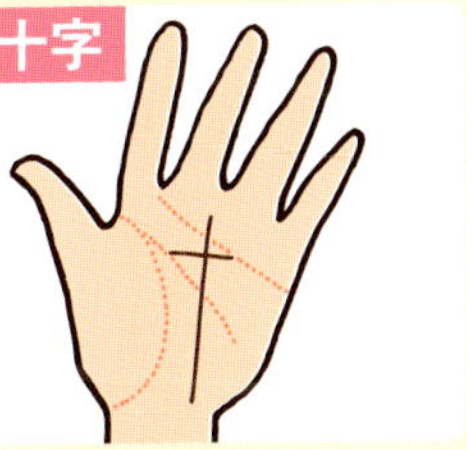

感情線と知能線を渡るか、その間に収まる短い線が運命線と交わり、十字を形作っている線です。

この相を持つ人は、神秘的なものに惹かれるだけではなく、何度も間一髪で事故を免れるなど、まるで、神仏や先祖に守られているかのような体験をします。

また、恵まれた強運の持ち主で、驚くほど高い地位に就く人もいます。

財運線

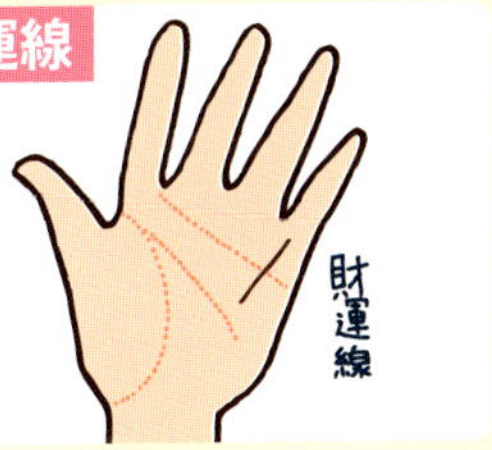

小指の付け根に向かう短い線は、財運線と呼ばれます。この線の状況で、現在の金銭状態がわかります。仕事運や人からの引き立て運も表します。

この線がはっきりせず、消えてきたりキレギレになったら要注意。商売の不振やリストラの可能性も。

とはいえ、状況が改善すれば、勢い良くはっきりした線に変わるでしょう。

できていますか？
人間チェック

人間関係お悩み相談

QUESTION & ANSWER

さあみなさん、人を
見分けられるようになりましたか？
実際よくあるシチュエーションで
とっさに判断できているか、
話を聞いてみましょう。

お悩み①

新しい取引先から、大口の契約をもらいました。担当の人は、三白眼《さんぱくがん》でへの字口。暗そうなんですけどね。

アドバイス

白目の小さい三白眼でへの字口の人は、スーパーネガティブ。とにかく期待しすぎないで！

→P37 参照

お悩み②

新しい彼女は、ふっくらしたおたふく顔。俺、細い子好きなんだよなぁ。ダイエットするように言おうかな。

アドバイス

おたふく顔は、愛情にあふれた素晴らしい相。きっとあなたも恩恵に浴します。やせさせてはダメ！

→P65 参照

お悩み③

彼がいるんだけど、お金持ちの彼に誘われちゃった。アゴが細くて今どきのイケメン。乗り換えようかな。

アドバイス

アゴが細い人は、徐々に財産をなくす相。今だけ付き合うならかまいませんが、結婚には良くないですよ。

→P17 参照

お悩み④

上司ふたりからお昼に誘われた。ひとりはいつもテレビを観ながら、ひとりは読書しながら食べるんだって。

アドバイス

本を読みながら食べる上司は、ひとりでも全然平気。さみしがり屋のテレビの上司と食べに行きましょう。

→P79 参照

お悩み⑤

教師なんだけど、生徒のひとりが心を開いてくれない。昨日も正面に向き合って話し合ったんだけど…。

アドバイス

正面に向き合うと、相手は緊張します。生徒の心を開きたいなら、斜めに向き合って座るといいですよ。

→P98 参照

お悩み⑥

ようやく俺をかってくれる人に出会った。その人はつり目でガミガミ喋る。なんか疲れんだよなぁ。

アドバイス

典型的な「相手の生気を吸い取る人」です。いくらかってくれていても、毎回どっと疲れてしまいますよ。

→P11 参照

お悩み⑦

デザイナーに名刺を作ってもらったの。右上に字を固めて、昔流行った丸文字風の名刺。運気はどう？

アドバイス

名刺は、空いている部分があると、その部分の運が悪くなります。活字もできるだけ歴史のある文字で。

→P108～109 参照

お悩み⑧

新しい職場は、みんなアグレッシブで、僕はいつも競い負け。上司からネクタイを赤にしろといわれた。

アドバイス

赤は情熱的になれる色。おとなしいあなたにはピッタリかも。その上司はなかなかわかっていますね。

→P104 参照

お悩み⑨

彼女が運命線が弱いって嘆いている。来月結婚して家に入るので心配なんだって。

アドバイス

家庭に入るなら、運命線は弱いくらいの方が良いでしょう。運命線が強すぎると、離婚しかねません。

→P120 参照

人を見抜けるようになると、いろんなことがうまくいきますよ！

著者　岡田人篤（おかだ じんとく）

虚弱体質をきっかけに東洋医学を学び、15歳ごろから、命・卜・相・医・山の占い・心理・健康・スピリチュアル・精神世界に誘われる。大学院修了後は、塾・予備校・高校などで国語の教員として教壇に立つ一方で、開運をテーマに「開運 MOMO」を主宰。占い講座を中心に、健康講座や文芸講座を多くのカルチャーセンターや個人のセミナーなどで開講し、育成にあたっている。多数の論文のほか、著書に『日本語の味覚』（武田出版）がある。

●ブログ「占い人間学」　http://pub.ne.jp/junkai4212/

[参考文献]

・西谷泰人『流年手相術』（創文）
・石本有孚『人相学大全』（新人物往来社）
・門脇尚平『人を見ぬく知恵』（日本実業出版社）
・浅野八郎『人を読む法・101の視点』（PHP研究所）
・竹村健一『西洋占い教室』（大和出版）

1分間で99%見抜く！
人間リアル鑑定術

2012年4月23日　初版発行

著　者　岡田人篤
発行者　佐藤龍夫
発　行　株式会社 大泉書店
住　所　〒162-0805 東京都新宿区矢来町27
電　話　03-3260-4001（代）
ＦＡＸ　03-3260-4074
振　替　00140-7-1742
印　刷　半七写真印刷工業株式会社
製　本　株式会社明光社

URL　http://www.oizumishoten.co.jp/
ISBN　978-4-278-04080-7 C0039

落丁、乱丁本は小社にてお取替えいたします。
本書の内容についてのご質問は、ハガキまたはFAXにてお願いいたします。

●**編集協力**
フィグインク
●**執筆協力**
伊東杏希子、鈴木理恵子
●**本文デザイン**
八木孝枝（スタジオダンク）
●**本文イラスト**
藤田裕美